Jean-Pierre Coffe & Jack Domon

Sommaire

L'Eau

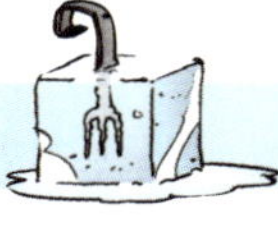

- Velouté aux carottes nouvelles 4
- Soupe de légumes 6

La Viande

- Poulet en croûte de pain 8
- Rôti de porc au lait 10

L'Œuf

- Mayonnaise 12
- Œufs à la coque 14
- Œufs cocotte 15
- Omelette légère 16
- Meringues 18

La Tomate

- Tomates à la croque au sel 20
- Sauce vierge 21
- Tomates au four 22
- Crostini 23

Le Lait et le Beurre

- Gâteau breton 24
- Petits pots à la vanille 26
- Cougnous 28
- Biscuits à la peau de lait 30
- Riz au lait aux fruits confits 32
- Panettone 34
- Mantecado 35
- Vasilopita de Smyrne 36

Le Fromage et le Yaourt

- Soufflé au fromage 38
- Chouquettes 40
- Gâteau au yaourt 42
- Tarte au fromage blanc 44

Les Pâtes sucrées

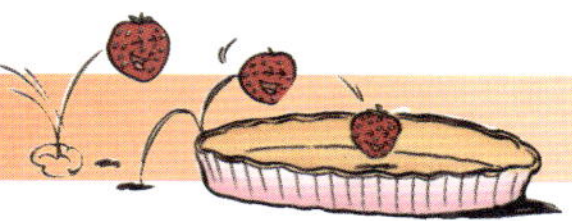

- Pâte brisée   46
- Tarte aux pommes alsacienne   48
- Pâte sablée   50
- Tarte aux framboises   52
- Tarte des demoiselles Tatin   54
- Galette lyonnaise à la frangipane   56
- Pâte à crêpes   58

Les Fruits

- Compote de fraises   60
- Gelée de groseilles à froid   61
- Charlotte aux fraises et aux framboises   62
- Crumble aux pommes   64
- Far aux pruneaux   66
- Clafoutis ou gâteau moelleux aux cerises   68
- Pêche Melba   70
- Pommes au four à la gelée de fruits rouges   72
- Cake aux fruits   74

Le Chocolat

- Gâteau au chocolat   76
- Mousse au chocolat   78
- Soupe au chocolat   79
- Bûche aux marrons et chocolat   80
- Gnocchi dolci di natale   82
- Terrine aux meringues   84

Le Sucre et la Confiture

- Tarte au sucre ou à la cassonade   86
- Confiture d'abricots traditionnelle   88
- Fruits rôtis au sucre   89
- Biscuit roulé à la confiture   90
- Pain perdu à la confiture   92
- Massepain de Noël   94

Velouté aux carottes nouvelles

POUR 4 À 6 PERSONNES :

- 1 botte de carottes nouvelles
- 1 poireau
- 2 cuillères à soupe de beurre frais
- 1 verre à moutarde de riz blanc
- 1/2 verre à moutarde de crème fleurette
- 2 litres d'eau avec un cube de bouillon du commerce
- 1 croûton de pain rassis (ou 4 biscottes)
- 1 poignée de gros sel
- 1 cuillère à café de sel fin
- 4 tours de moulin à poivre

DÉFINITION

Le velouté est un bouillon épaissi, onctueux. Cette appellation date de 1938. Le velouté est une version un peu bourgeoise de la soupe.

1 Coupe les fanes de carottes qui ne sont jamais comestibles. Dans un torchon, frotte les carottes nouvelles avec du gros sel pour les éplucher.

2 Rince et coupe les carottes en rondelles.

3 Lave méticuleusement le poireau et coupe-le en rondelles très fines.

4 Dans une casserole, à fond épais, mets le beurre à chauffer sans le laisser colorer.
Ajoute les carottes et les poireaux.
Remue avec une cuillère en bois pour bien imprégner les légumes de beurre.
Couvre et laisse suer 10 minutes *(suer : faire cuire très doucement dans un corps gras des légumes pour éliminer leur eau de végétation et concentrer leurs arômes)*.

5 Ajoute l'eau et le cube de bouillon, le riz, le sel, le poivre.
Porte à ébullition.
Dès que l'eau commence à bouillir, réduis à petit feu pour maintenir un léger bouillottement.

6 Après 30 minutes, ajoute le pain ou les biscottes.
Quand ils sont bien imbibés, passe le tout au moulin à légumes ou au mixeur.

7 Porte à nouveau à ébullition.
Ajoute la crème, remue.
Rectifie l'assaisonnement en ajoutant du sel, du poivre si nécessaire.

8 Tu peux rajouter quelques pluches de cerfeuil pour la décoration *(les pluches sont les extrémités feuillues des herbes aromatiques : cerfeuil, estragon, persil)*.

Soupe de légumes

PETIT CONSEIL

On peut faire de la soupe pour plusieurs jours car elle se garde très bien dans le réfrigérateur, dans un saladier recouvert d'un film alimentaire ou dans une boîte munie d'un couvercle hermétique.

PETIT CONSEIL

Selon les quantités de soupe dont tu as besoin et le nombre de tes invités, tu peux rajouter une carotte, un navet ou une pomme de terre et un bol d'eau par convive supplémentaire.

POUR 4 À 6 PERSONNES :

- 1 grosse carotte ou 2 moyennes
- 1 beau poireau
- 2 pommes de terre moyennes
- 1 branche de céleri bien verte
- 1 oignon
- 1 navet
- 5 ou 6 branches de persil
- 2 cuillères à soupe de beurre
- 1,5 litre d'eau froide avec un cube de bouillon de volaille du commerce
- 1 cuillère à soupe de gros sel

1 Épluche l'oignon, le navet, les pommes de terre, et le poireau (très méticuleusement) car, très souvent, il conserve entre ses feuilles des traces de sable ou de terre, désagréables quand on le mange. Il n'est pas nécessaire d'éplucher la carotte : on peut simplement la passer sous l'eau et la brosser énergiquement avec une brosse à ongles.

2 Quand les légumes sont épluchés, coupe-les grossièrement ou mets-les dans le mixeur avec les branches de céleri et de persil lavés. Le hachage doit être grossier.

3 Dans une cocotte ou une casserole avec un fond épais, mets le beurre à chauffer sans le laisser colorer puis ajoute tous les légumes passés au mixeur.
Remue avec une cuillère en bois pour bien imprégner tous les légumes de beurre.

4 Couvre la casserole ou la cocotte et laisse cuire 10 minutes à feu doux.
À la chaleur, les légumes vont libérer leur eau de végétation et se mélanger au bouillon pour bien parfumer la soupe.

5 Après ces 10 minutes, ajoute l'eau froide et le cube de bouillon de volaille, ainsi que le sel.

6 Porte à ébullition.
Dès que l'eau commence à bouillir, remue avec une cuillère en bois pour bien mélanger le bouillon de volaille, le sel et les légumes. Réduis à petit feu jusqu'à maintenir un léger bouillottement et couvre.
Une demi-heure plus tard, la soupe est cuite.

7 *Deux solutions :*
• Remettre la soupe dans le mixeur ou la passer au moulin à légumes, grille moyenne, pour obtenir une soupe finement liée.
• Servir la soupe en l'état.
Dans les deux cas, et selon la solution que tu auras choisie, la soupe doit être servie bien chaude.

8 Il est autorisé de poser l'ustensile de cuisson sur la table, sinon verse la soupe dans une soupière ou individuellement dans des bols ou des assiettes creuses. Sur la table, il peut y avoir un pot de crème double fraîche, du beurre frais, une salière et un moulin à poivre pour que chacun puisse assaisonner à sa convenance.

Poulet en croûte de pain

ASTUCE

Lorsque tu vas acheter le poulet, demande au volailler de bien vouloir retirer l'os du bréchet. Il ne peut pas te le refuser. Cela te simplifiera la tâche au moment de découper le poulet.

Demande également au volailler de couper le cou et les pattes. Ta maman ou toi pourrez en faire un consommé. Il est préférable de commander la veille au boulanger la pâte crue dont tu auras besoin : tu seras certain de l'avoir.

POUR 6 PERSONNES :

- 1 poulet fermier de 2,2 kg
- 1,1 kg de pâte à pain (idéalement demande à ton boulanger de la pâte à pain de campagne au levain)
- 1 carotte
- 1 gros oignon
- 2 échalotes
- 5 gousses d'ail
- 1 petit bulbe de fenouil
- 1/2 feuille de laurier
- 1 feuille de sauge
- 1 branche de thym
- 1 branche de romarin ou de sarriette
- 1 poignée de farine pour le plan de travail
- 2 cuillères à café de sel fin
- 1 dizaine de tours de moulin à poivre

1 *La veille*, sale et poivre l'intérieur et l'extérieur du poulet. Introduis à l'intérieur du poulet les feuilles de laurier et de sauge, les branches de thym et de romarin ou de sarriette. Emballe le poulet assaisonné et farci d'aromates dans un film alimentaire, et laisse-le toute la nuit dans le réfrigérateur.

2 *Le lendemain*, 1 à 2 heures avant de cuire le poulet, sors-le du réfrigérateur ainsi que la pâte à pain. Préchauffe le four à 220 °C (th. 7/8).

3 Épluche la carotte, l'oignon, l'ail, les échalotes, le fenouil. Mets-les dans le robot pour hacher l'ensemble grossièrement.

4 Saupoudre de farine un plan de travail,
étale la pâte à pain sur 1 cm d'épaisseur environ.
Au milieu de la pâte, répands les légumes que tu as hachés
avec le robot. Pose le poulet le dos sur les légumes.
Plie la pâte autour du poulet comme pour faire un paquet.
Le poulet doit être complètement empaqueté.

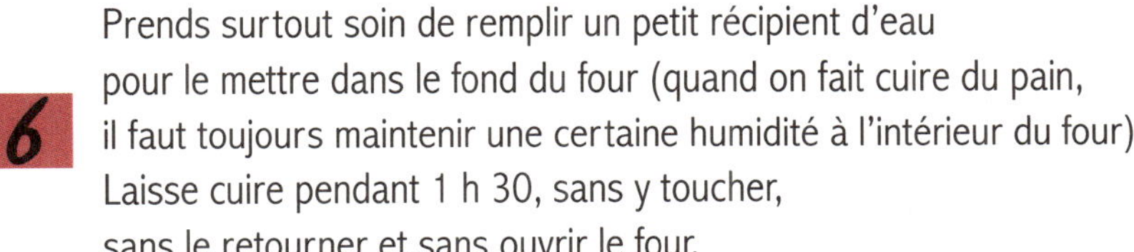

5 Retourne le paquet, pose-le sur une plaque à pâtisserie.
Recouvre l'ensemble avec un torchon bien propre,
laisse gonfler la pâte pendant 1 heure.
Ensuite, enfourne le paquet.

6 Prends surtout soin de remplir un petit récipient d'eau
pour le mettre dans le fond du four (quand on fait cuire du pain,
il faut toujours maintenir une certaine humidité à l'intérieur du four).
Laisse cuire pendant 1 h 30, sans y toucher,
sans le retourner et sans ouvrir le four.

7 Après 1 h 30 à 1 h 45 de cuisson (selon la taille du poulet),
sors la boule de pain dorée et croustillante.
Recouvre-la avec le même torchon et laisse-la reposer
tranquillement 1 heure à température de la pièce.

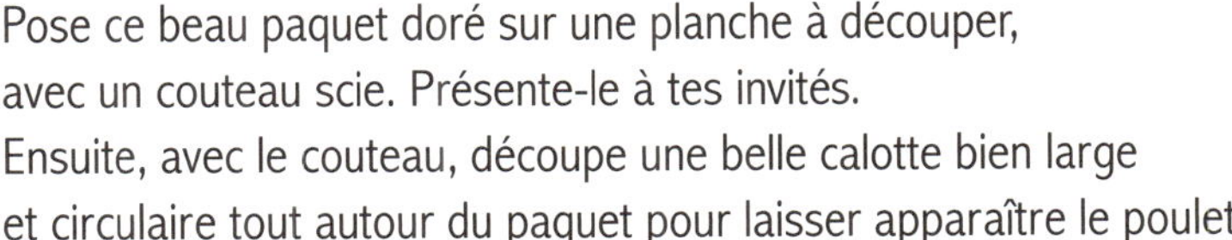

8 Pose ce beau paquet doré sur une planche à découper,
avec un couteau scie. Présente-le à tes invités.
Ensuite, avec le couteau, découpe une belle calotte bien large
et circulaire tout autour du paquet pour laisser apparaître le poulet.

9 Ta pâte sera croustillante à l'extérieur, imbibée du jus à l'intérieur,
d'autant que, dès le poulet sorti, tu le retourneras de façon
à ce que le jus à l'intérieur du poulet se répande sur la pâte
que tu découperas ensuite en croûtons.

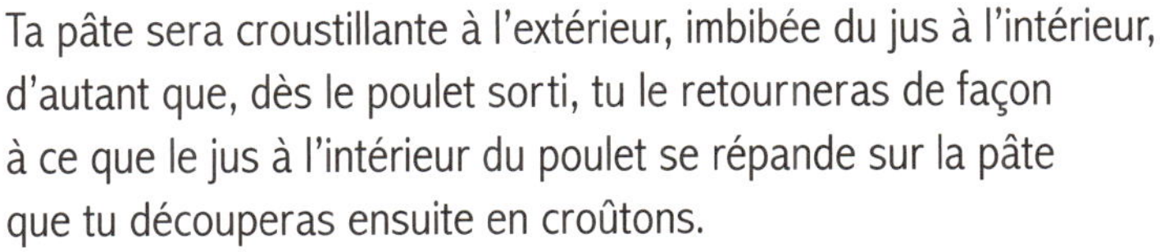

Rôti de porc au lait

POUR 4 PERSONNES :

- 600 g de porc dans l'échine ou le carré désossé
- 20 g de saindoux
- 150 g d'oignons
- 1 litre de lait
- 2 feuilles de sauge
- 1 branche de thym
- 2 cuillères à café de sel fin
- 15 grains de poivre

ATTENTION

Ce rôti de porc se mange froid, il est idéal pour un pique-nique.

1 Épluche et coupe les oignons en rondelles très fines.

2 Mets le saindoux dans une cocotte sur feu doux. Fais étuver les oignons à couvert pendant 25 minutes. Ils doivent être translucides.

CONSEIL

Attention, le lait porté à ébullition a tendance à s'échapper. Pour éviter cet inconvénient, il faut soit utiliser une soucoupe retournée dans le fond de la cocotte, ou poser une cuillère en bois dans le lait, maintenue par le couvercle pendant la durée de la cuisson.

3 Pose le rôti de porc sur son lit d'oignons fondus, sale, poivre, mets les feuilles de sauge et le thym, couvre de lait jusqu'à couvert, pose le couvercle sur la cocotte en laissant un espace de 1 cm environ et laisse cuire durant 45 minutes.

4 Retourne le morceau et laisse cuire encore une trentaine de minutes selon sa taille. La cuisson doit se faire à feu doux.

5 Laisse refroidir dans le lait. Sors la viande. Élimine les grumeaux de lait qui l'enveloppent en essuyant le rôti avec un papier absorbant.

6 Enveloppe le rôti dans un film alimentaire étirable. Sers fortement. Mets au réfrigérateur pendant au moins 12 heures.

7 Sers le rôti tranché fin avec une salade croquante légèrement aillée.

Mayonnaise

POUR UN BOL :

- 2 jaunes d'oeufs
- 50 cl d'huile d'arachide (on peut monter une mayonnaise avec n'importe quelle huile. Il est préférable de choisir celle qui est la moins parfumée car tout le monde n'aime pas l'huile de noix ou l'huile d'olive. L'huile idéale est neutre : arachide ou colza.)
- 2 cuillères à soupe d'eau
- 1 cuillère à café de sel
- 3 tours de moulin à poivre
- Ustensile : un petit fouet ou une cuillère en bois

PETIT CONSEIL

Pour réussir à tous les coups la mayonnaise, il est préférable que les oeufs et l'huile soient toujours à même température et surtout de commencer le mélange jaune d'oeuf / huile, avant d'ajouter les autres ingrédients. Une fois la mayonnaise « de base » terminée, on peut l'assaisonner comme on veut (voir les variantes).

1 Pour éviter que le bol dans lequel tu vas monter la mayonnaise ne tourne ou ne glisse, pose-le sur un torchon plié en quatre.

2 Dans le bol, mélange les jaunes d'œufs, les deux cuillères à soupe d'eau, et incorpore lentement l'huile choisie, en filet, sans cesser de tourner.

3 Quand toute l'huile a été incorporée, ajoute le sel, le poivre, mélange et laisse reposer. Au bout de 30 minutes, la mayonnaise est assez ferme pour être coupée au couteau.

Quand la mayonnaise de base est terminée, tu peux ajouter avec le sel, le poivre, soit le jus d'un citron, soit 1 ou 2 cuillère de moutarde , soit des fines herbes (ciboulette, persil, cerfeuil...).

Tu peux aussi ajouter des cornichons ou des câpres hachées grossièrement, pour obtenir la mayonnaise idéale pour accompagner des poissons ou des viandes froides.

Tu peux encore y ajouter une cuillère à soupe de crème épaisse, de ketchup ou de concentré de tomates.

Et tu peux même monter les deux blancs d'œufs (très fermes) qui n'ont pas été utilisés, et les incorporer doucement pour obtenir une mayonnaise mousseline à laquelle tu pourras ajouter des fines herbes afin d'obtenir l'accompagnement idéal pour les asperges.

Œufs à la coque

- 2 œufs extra frais par personne
- 1 litre d'eau
- 2 cuillères à soupe de gros sel

LA PREMIÈRE EST CELLE QUE JE PRATIQUE RÉGULIÈREMENT, ELLE PERMET UNE JUSTE RÉPARTITION DE LA CHALEUR ET AINSI UNE CUISSON HARMONIEUSE ENTRE LE BLANC ET LE JAUNE. CETTE FORMULE ÉVITE AUSSI LE RISQUE DE FÊLER LES ŒUFS LORSQU'ON LES POSE DANS LE FOND DE LA CASSEROLE.

PETIT CONSEIL

Seuls, les œufs extra frais se mangent à la coque. Un œuf est considéré comme extra frais pendant les 7 jours qui suivent la date d'emballage de l'œuf. Après cette date, l'œuf est frais et n'a plus droit à l'appellation extra frais. En général, on trouve la date de ponte ou la date du conditionnement (24 heures après la ponte) sur l'œuf ou sur la boîte. Il existe plusieurs méthodes pour cuire des œufs à la coque. Voilà deux méthodes.

1ᵉʳᵉ MÉTHODE

Dépose les œufs dans un saladier ou dans une casserole.
Dans une autre casserole, mets l'eau à bouillir.
À ébullition, ajoute les deux cuillères de gros sel pour faire monter la température de l'eau et verse immédiatement l'eau salée sur les œufs.
Recouvre le saladier ou la casserole d'une assiette ou d'un couvercle.
Compte 7 minutes avant de sortir les œufs.

2ᵉᵐᵉ MÉTHODE

Mets les œufs dans une casserole, couvre-les d'eau froide.
Amène à ébullition. Quand l'eau bout, compte environ 30 secondes à 1 minute après la reprise du gros bouillonnement, selon le goût des uns ou des autres.
Retire les œufs. Immerge-les immédiatement quelques instants dans l'eau froide pour arrêter la cuisson.

LES MOUILLETTES

1. Coupe des morceaux de baguette de la longueur de l'index. Retire la mie.
Beurre la croûte avec du beurre demi-sel de préférence.
2. Fais griller des tranches de pain de campagne et découpe-les en bâtonnets.
Sers-les tièdes avec du beurre salé que chacun pourra tartiner comme il le préfère.

Œufs cocotte

- *1 œuf par personne*
- *1 cuillère à soupe de beurre*
  à température de la pièce
- *Sel, poivre*

1 Allume le four à 200 °C (th. 6/7).
Étale le beurre mou sur le fond et les parois des ramequins.
Ajoute une pincée de sel et un tour de moulin à poivre.

2 Casse un œuf dans chaque ramequin.
Pose un journal plié en quatre
dans un plat creux avec des bords plutôt hauts.
Place ensuite les ramequins sur le papier.

3 Ajoute de l'eau bouillante dans le plat creux
jusqu'à mi-hauteur des ramequins.
Mets le plat et les ramequins dans le four.
Laisse cuire environ 5 minutes.
L'œuf est cuit lorsque le blanc forme une sorte
de voile protégeant le jaune.

VARIANTES

À la crème : après avoir beurré le fond et les parois des ramequins, ajoute une cuillère à café de crème double, sale, poivre, casse l'œuf, et procède très exactement comme ci-dessus. Au bout de 3 minutes, rajoute une cuillère à café de crème double sur l'œuf, et remets au four pour 3 minutes.

Crème, jambon et gruyère : dans un saladier, mélange du jambon haché finement avec du gruyère râpé et de la crème double. Lorsque le fond et les parois des ramequins sont beurrés, ajoute une cuillère à café de cette préparation, casse l'œuf, sale et poivre. Mets les ramequins dans le four. Procède très exactement comme pour les œufs en cocotte classique. Après 3 minutes dans le four, ajoute le reste de la préparation crème/jambon/gruyère sur les œufs, sale, poivre, remets dans le four pour 3 minutes.

Œufs cocotte au four sans four : même si tu n'as pas de four, tu peux faire des oeufs cocotte. Utilise une cocotte, dont tu tapisses le fond avec un journal plié en quatre pour bien isoler les ramequins.

OEUF POUPOULE

Omelette légère

PETIT CONSEIL

Il est préférable de privilégier les oeufs extra frais pour la cuisine, et les oeufs frais pour la pâtisserie.

POUR 2 PERSONNES :

- 4 oeufs
- 1 cuillère à café d'huile
- 1 cuillère à café de beurre
- 1 cuillère à café de sel fin
- 3 à 4 tours de moulin à poivre

1 Casse les œufs dans un saladier, sale, poivre.

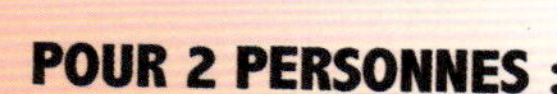

2 Utilise un fouet ou une fourchette, soulève les œufs pour faire rentrer de l'air dans l'omelette.

3 Mets l'huile et le beurre à chauffer dans une poêle. Au tout début du grésillement, verse brutalement les œufs.

Avec une spatule ou la fourchette, ramène les bords de l'omelette vers l'intérieur, tout en remuant énergiquement l'ensemble bien au fond de la poêle pour ne pas laisser l'omelette attacher.

Quand les œufs commencent à se solidifier, donne à l'omelette un mouvement de va-et-vient d'avant en arrière, toujours dans le but de ne pas laisser attacher.

Maintiens la cuisson 1 minute. Le dessous de l'omelette doit être sec et doré, l'extérieur brillant et moelleux.

Prends la queue de la poêle à deux mains et fais glisser doucement l'omelette sur un plat.

Lorsque la première moitié est dans le plat, renverse la poêle pour que l'omelette se plie en deux.

On peut badigeonner le dessus doré de l'omelette avec un morceau de beurre pour lui donner davantage de brillant.

On peut introduire ce qu'on veut, selon ses goûts et son imagination, dans une omelette.

Il faut choisir entre deux méthodes :

• soit on ajoute les ingrédients, généralement cuits à l'avance, aux œufs battus avant de les mettre dans la poêle chaude, bien mélangés aux œufs ;

• soit on verse les ingrédients complètement préparés sur la moitié de l'omelette avant de la plier. Lardons, champignons, fromage, oignons, pommes de terre, tomates, tombée d'oseille, foies de volaille... tout est possible.

VARIANTES

Meringues

POUR 4 À 6 PERSONNES :

- 5 blancs d'oeufs
- 200 g de sucre en poudre
- 1 pincée de sel fin
- 1 cuillère à soupe de beurre fondu
- Sucre glace

1 Préchauffe le four à 130 °C (th. 4/5).
Mets les blancs d'œufs et la pincée de sel dans le bol du batteur électrique.
Fais tourner pendant 1 minute à vitesse moyenne pour aérer les blancs.
Si tu n'as pas de robot, il faut procéder de même avec un batteur manuel.

2 Lorsque les blancs commencent à monter, ajoute cuillère après cuillère les deux tiers du sucre.

3 Quand les blancs ont atteint leur fermeté maximum, ajoute le tiers de sucre restant et fais tourner le batteur à vitesse maximum.

4 Recouvre la plaque à pâtisserie d'une feuille de papier sulfurisé. Au pinceau ou à la main, étale le beurre fondu sur le papier.

5 Avec une cuillère à soupe, à café, à entremets ou une poche à pâtisserie munie d'une douille, dépose sur le papier sulfurisé l'équivalent d'une cuillerée de blanc d'œuf.
Fais attention d'espacer suffisamment les cuillerées car les meringues vont gonfler en cuisant.
Avant d'enfourner, saupoudre les meringues de sucre glace.

6 Laisse-les 1 h 30 dans le four.
Ensuite, éteins le four, laisse la porte entrouverte pour 30 minutes.

7 Les meringues se conservent quelques jours à température ambiante, plus longtemps, bien sèches, dans des boîtes hermétiques.

Tu peux parfumer tes meringues au chocolat en incorporant une cuillère à soupe de cacao en poudre non sucré en même temps que le sucre.

VARIANTES

Tu peux aussi installer entre deux meringues une boule de glace et recouvrir l'ensemble de crème chantilly ou de chocolat chaud ou d'un coulis de fruit.

DÉFINITION

On trouve des tomates toute l'année. Celles qui poussent en « plein champ », de juillet à octobre, sont les plus parfumées. La tomate doit être ferme au toucher, charnue, avoir la peau lisse, brillante, sauf celle de pleine terre qui présente des formes irrégulières et quelques défauts d'aspect, dus aux aléas climatiques mais sans incidence sur leur goût.

Tomates
à la croque au sel

PETIT CONSEIL

La tomate est un fruit auquel le vinaigre n'apporte rien. La meilleure façon de les apprécier est de les servir comme ci-dessous. À température ambiante.

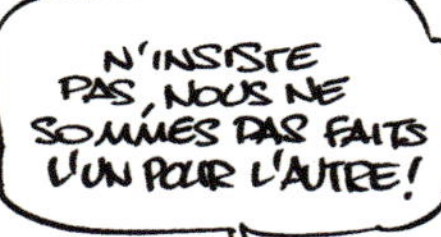

POUR 4 PERSONNES :
- 4 tomates
- 1 cuillère à soupe de gros sel
- 8 cuillères à soupe d'huile d'olive

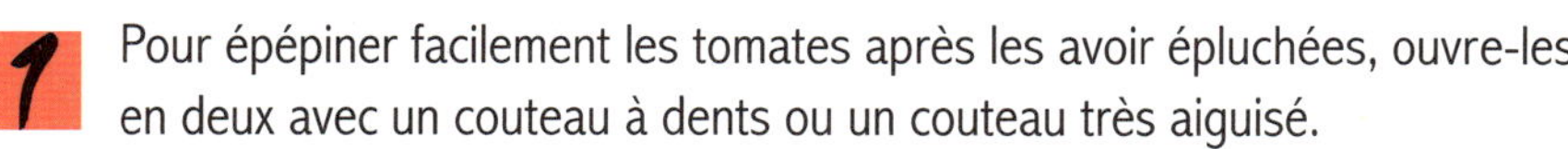

1 Pour épépiner facilement les tomates après les avoir épluchées, ouvre-les en deux avec un couteau à dents ou un couteau très aiguisé.

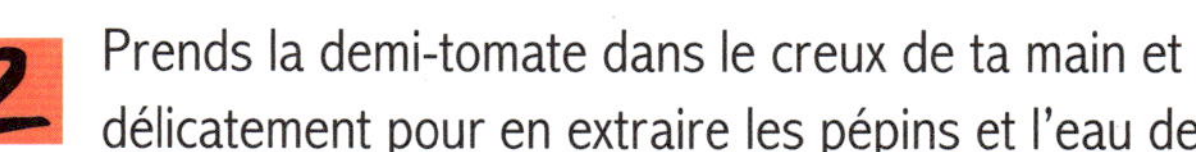

2 Prends la demi-tomate dans le creux de ta main et presse-la délicatement pour en extraire les pépins et l'eau de végétation.

3 Coupe les demi-tomates en deux (en quatre si elles sont très grosses) Répands le gros sel sur les tomates et arrose d'huile d'olive.

4 Pose sur la table un moulin à poivre afin que chacun s'en serve selon son goût.

Sauce vierge

POUR 4 PERSONNES :

- 4 tomates
- 2 cuillères à café de sel fin
- 3 cl d'huile d'olive
- une dizaine de tours de moulin à poivre

1 Pèle et épépine les tomates selon la méthode évoquée dans la tomate à la croque au sel.

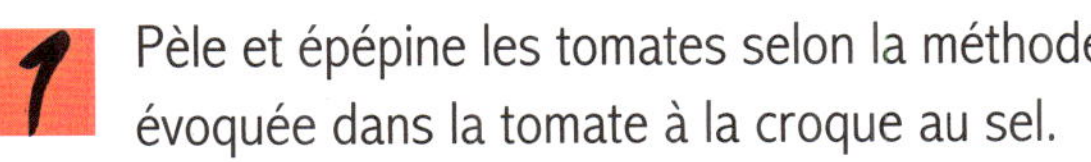

2 Coupe les chairs en morceaux de 1 demi-centimètre.

3 Dans un saladier, mélange les morceaux de tomates avec une cuillère à soupe d'herbes fraîches (un mélange persil plat, cerfeuil, estragon, basilic). Ajoute sel et poivre.

4 Recouvre d'huile d'olive.

Tomates au four

POUR 4 PERSONNES :

- 4 grosses tomates
- 1 cuillère à soupe de sel
- 1 tour de moulin à poivre sur chaque demi-tomate
- 2 cuillères à soupe de feuilles de thym
- 1 cuillère à soupe de beurre fondu par tomate
- 5 cuillères à soupe de chapelure

1 Lave les tomates, retire le pédoncule.

2 Coupe-les en deux dans le travers, sans les peler. Avec une petite cuillère, retire les pépins.

3 Allume la rampe du gril.
Dans un plat creux allant au four,
pose les moitiés de tomates, la face à vif vers le haut.

4 Répartis le sel, le poivre, la fleur de thym et le beurre fondu.
Recouvre de chapelure et installe le plat à mi-hauteur du four.

5 Surveille. Quand les tomates s'affaissent,
remonte le plat près du gril pour les faire dorer.

VARIANTE Tu peux remplacer le thym, le beurre et la chapelure par un hachis d'ail (4 gousses) et de persil (une demi-botte). Mélange avec deux cuillères à soupe d'huile d'olive et procède à l'identique.

Crostini

1 Pèle et épépine des tomates bien mûres (selon la méthode évoquée dans la tomate à la croque au sel).

2 Hache grossièrement les tomates. Mélange-les dans un saladier avec une cuillère à soupe de gros sel, une dizaine de tours de moulin et les feuilles d'une demi-botte de basilic déchirées à la main (si tu les coupes avec un objet métallique, elles vont noircir). Laisse macérer pendant 1 heure.

3 Fais griller des tranches fines de pain. Arrose-les d'huile d'olive.

4 Égoutte les tomates qui macèrent et répartis-les sur les tranches de pain.

Gâteau breton

POUR 6 PERSONNES :

- 850 g de farine blé
- 150 g de farine de sarrazin
- 1 kg de beurre demi-sel
- 850 g de sucre
- 6 jaunes d'œufs
- 5 g de levure
- 20 g de fleur d'oranger

PETIT CONSEIL

Le gâteau breton figure au palmarès des cinq meilleurs gâteaux pour le goûter. Il est important de ne pas trop travailler la pâte sinon elle devient lisse et perd de sa texture. C'est le gâteau des triomphes auprès des copains.

PETIT CONSEIL

Pense à sortir le beurre la veille pour le lendemain, il doit être à température de la pièce, mou, facile à travailler.

1 Dans un grand saladier, mélange le beurre et le sucre avec les doigts pour obtenir un mélange pâteux et uniforme.

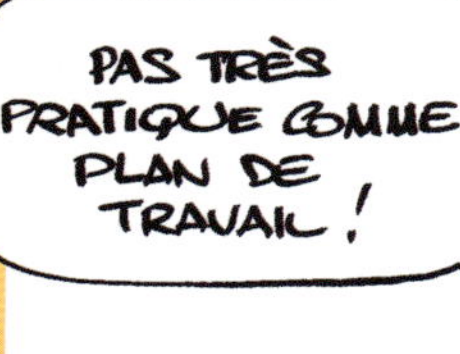

2 Ajoute les deux farines et la levure. Mélange harmonieusement. Ajoute 5 jaunes d'œufs et la fleur d'oranger. Garde les blancs pour faire des meringues. Mélange la pâte, couvre le saladier d'un torchon et laisse reposer la pâte au réfrigérateur 3 heures.

 **3** Préchauffe le four à 165 °C (th. 5/6).

 **4** Farine ton plan de travail.

5 Étale la pâte avec un rouleau à pâtisserie pour obtenir une épaisseur d'environ 2 cm.

6 Sers-toi d'un bol ou d'un verre comme emporte-pièce et détaille la pâte en gâteaux individuels du diamètre que tu auras choisi ou forme un gâteau de 20 cm de diamètre.

7 Mélange une cuillère à soupe d'eau froide avec le jaune d'œuf restant. Badigeonne chaque gâteau au pinceau avec cette préparation destinée à donner une jolie couleur dorée à la pâtisserie.

 **8** Installe les gâteaux sur une plaque à pâtisserie et enfourne 20 minutes pour les portions individuelles, 35 minutes pour le gros.

Petits pots à la vanille

POUR 6 PERSONNES :

- 1/2 litre de lait
- 1/2 gousse de vanille fendue
- 5 jaunes d'oeufs
- 1 oeuf entier
- 60 g de sucre
- 2 cuillères à soupe d'eau froide

PETIT CONSEIL

Si on a déjà les ramequins (les mêmes que ceux utilisés pour les oeufs cocotte) ce dessert, simple et facile, peut se préparer un ou deux jours à l'avance. Il se garde au frais dans le réfrigérateur.

Si tu as préparé tes petits pots à l'avance, pense à les sortir 2 heures avant le repas pour qu'ils retrouvent leur parfum, anéanti par le froid du réfrigérateur.

1 Préchauffe le four à 180 °C (th. 6). Pose la vanille bien à plat sur une planche de travail. Fends-la en deux avec la pointe du couteau. Récupère les graines de vanille à l'intérieur de la gousse en grattant avec le couteau.

2 Dans une casserole, verse le lait, la vanille fendue, grattée et les graines. Mets la casserole sur feu moyen. Dans un saladier, mélange les 5 jaunes d'œufs, l'œuf entier et les 2 cuillères à soupe d'eau froide. Verse lentement le sucre sans cesser de tourner.

3 Augmente la température du feu sous la casserole pour porter le lait à ébullition.
Continue à bien mélanger tous les ingrédients du saladier jusqu'à ce que l'ensemble blanchisse.

4 Dès ébullition du lait, verse-le dans le saladier, mélange rapidement.
Verse dans les ramequins préalablement installés dans un plat à gratin garni d'un journal plié en quatre, rempli d'eau tiède jusqu'à la moitié de leur hauteur.

5 Mets au four pendant 20 minutes.
Surveille pour que l'eau dans le plat à gratin ne parvienne pas à ébullition.
Éventuellement, rajoute de l'eau froide.

6 Après ces 20 minutes de cuisson, sors du four et laisse refroidir.

Au chocolat : ajoute 100 g de chocolat à cuire au lait bouillant, sans changer les autres ingrédients de la préparation des petits pots à la vanille.

Au café : ajoute au lait, sans la gousse de vanille, une belle cuillère à soupe de café soluble, ou deux si tu souhaites une plus solide concentration de goût, et procède à l'identique de la recette des petits pots à la vanille.

Cougnous

POUR 4 COUGNOUS :

- 25 g de levure de boulanger
- 1/4 de litre de lait
- 500 g de farine
- 65 g de sucre en poudre
- 1 pincée de sel
- 100 g de beurre mou
- 1 œuf
- 100 g de raisins secs

1 Délaye la levure dans le lait tiédi.

2 Dans une terrine, mélange la farine, le sucre et le sel.

3 Creuse un puits et ajoute l'œuf, le beurre, puis la levure délayée.

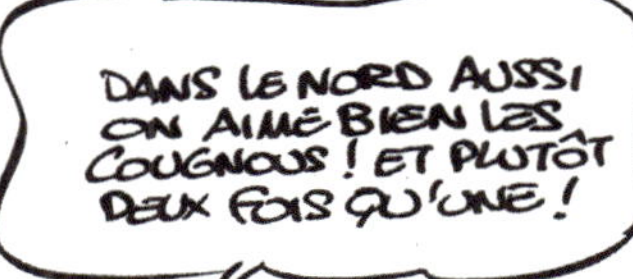

4 Pétris le tout pour obtenir une pâte bien lisse.

5 Incorpore les raisins à la fin et éventuellement encore un peu de farine si la pâte est trop molle.

6 Couvre avec un torchon propre et laisse reposer pendant 1 h 30.

7 Préchauffe le four à 200 °C (th. 7).

8 Étire la pâte et coupe des « pâtons » de 15 cm environ.

9 Façonne-les en petites « poupées » à deux têtes.

10 Enfourne pendant 15 minutes.

Biscuits à la peau de lait

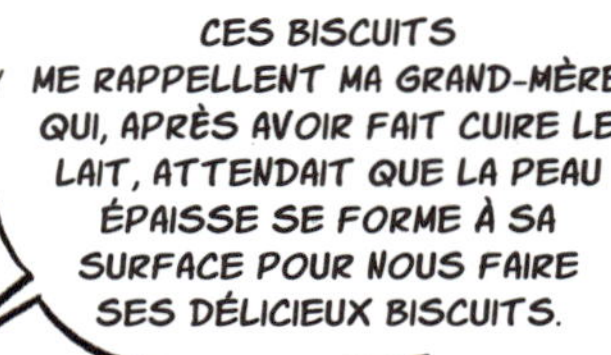

POUR UNE TRENTAINE DE BISCUITS DE 5 CM DE DIAMÈTRE :

- 300 g de beurre demi-sel
- 50 g de peau de lait
- 200 g de sucre semoule
- 500 g de farine
- 1 cuillère à café d'extrait de vanille Bourbon
- 1 cuillère à soupe de beurre à étaler sur le papier sulfurisé

PETITE ASTUCE

Pour réussir, il te faut acheter un litre de lait entier, le mettre à bouillir, le laisser reposer à température ambiante, pour qu'une heure après la peau crémeuse et épaisse soit formée.

1 Sors le beurre 2 heures avant de commencer à pâtisser. Mets-le dans un saladier pour qu'il ramollisse.

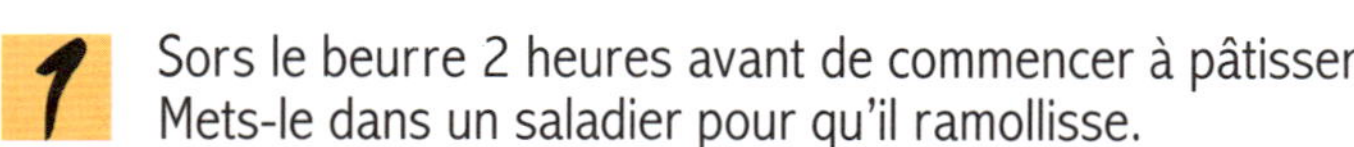

2 Préchauffe le four à 220 °C (th. 7).

3 Quand le beurre est bien mou,
ajoute la peau du lait, mélange délicatement.

4 Ajoute le sucre, mélange encore.

5 Verse doucement la farine avec l'extrait de vanille.
Mélange pour que l'ensemble soit onctueux.

6 Forme un rouleau avec la pâte du diamètre
des biscuits que tu veux obtenir.

7 Tranche le rouleau en rondelles
d'un demi-centimètre d'épaisseur.

8 Sur une plaque à pâtisserie, étale le papier
sulfurisé, beurre-le, puis dépose les rondelles
de pâte.

9 Fais cuire 5 minutes dans le four très chaud.

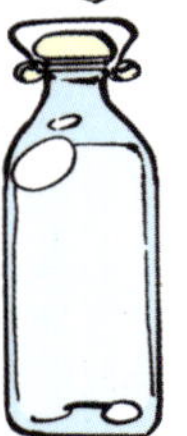

Riz au lait aux fruits confits

POUR 4 PERSONNES :

- 200 g de riz rond de Camargue
- 70 g de fruits confits hachés grossièrement
- 1 verre de lait
- 10 cuillères à soupe de sucre semoule
- 3 cuillères à soupe de crème battue en chantilly
- 2 jaunes d'œufs
- 1 gousse de vanille
- 1 bâton de cannelle

1 Dans une casserole, mets le riz, couvre d'eau froide, porte à ébullition, égoutte aux premiers bouillons.

2 Surtout ne rince pas le riz à l'eau froide.

3 Porte à ébullition le lait avec la gousse de vanille fendue, grattée, le sucre, la cannelle et le riz égoutté.

4 Laisse cuire à feu doux 20 minutes en remuant souvent.

5 Retire la casserole du feu ainsi que la vanille et le bâtonnet de cannelle.

PETIT CONSEIL

Il est préférable de laisser refroidir le riz à couvert pour éviter la formation d'une croûte à la surface.

6 Ajoute les 2 jaunes d'œufs et les fruits confits, mélange. Laisse refroidir à couvert.

7 Incorpore la chantilly.

8 Sers avec une crème anglaise.

Panettone

POUR UN GROS PANETTONE :

- 30 g de levure de boulanger fraîche ou 1 sachet de levure lyophilisée
- 600 g de farine
- 1 cuillère à café de sel
- 100 de sucre en poudre
- 4 jaunes d'œufs
- 20 cl de lait
- 100 g de beurre
- 1 zeste de citron
- 100 g de raisins secs
- 75 g de fruits confits de ton choix
- 1 cuillère à soupe d'huile

1 Délaye la levure fraîche dans un demi-verre d'eau tiède (sinon incorpore la levure lyophilisée directement).

2 Mets la farine, le sucre et le sel dans une grande jatte.

3 Fais un puits et verse la levure, les jaunes d'œufs et le lait.
Ajoute le beurre mou coupé en petits morceaux, le zeste de citron, les fruits confits et les raisins. Travaille bien jusqu'à obtenir une pâte homogène, très souple et collante. Pétris pendant 5 minutes au moins.

4 Roule la pâte en boule, couvre la jatte d'un linge propre et laisse gonfler une bonne heure.

5 Passé ce temps, dispose la pâte dans un moule à brioche ou à baba huilé et laisse à nouveau lever 1 h 30 dans un endroit chaud.
La pâte doit avoir au moins doublé de volume.

PETITE ASTUCE

Le panettone se conserve plusieurs jours enveloppé dans du papier aluminium.

6 Préchauffe le four à 180 °C (th. 6).
Fais une croix sur la surface et place au four 40 minutes. Démoule sur une grille et laisse refroidir.

Mantecado

POUR 20 PETITS GÂTEAUX :

- 250 g de farine
- 75 g d'amandes en poudre
- 150 g de saindoux
  ou à défaut du beurre doux mou
- 150 g de sucre
- 1/2 cuillère à café de cannelle

1 Préchauffe le four à 140 °C (th. 4/5).

2 Fais griller à sec la farine dans une grande poêle jusqu'à ce qu'elle soit dorée. Fais la même chose avec la poudre d'amandes en remuant régulièrement pour qu'elle ne brûle pas.

3 Travaille le beurre mou en crème avec le sucre et la cannelle.

4 Incorpore la farine et la poudre d'amandes pour obtenir une pâte très friable.

5 Étale-la sur le plan ce travail fariné sur 1,5 cm d'épaisseur. Découpe-la avec un emporte-pièce de 5 cm de diamètre.

6 Place les biscuits sur la plaque du four recouverte de papier sulfurisé pour 30 minutes.

7 Une fois cuits, laisse-les refroidir avant de les déguster car ils sont très fragiles.

PETITE ASTUCE

Tu peux les conserver en les enveloppant individuellement.

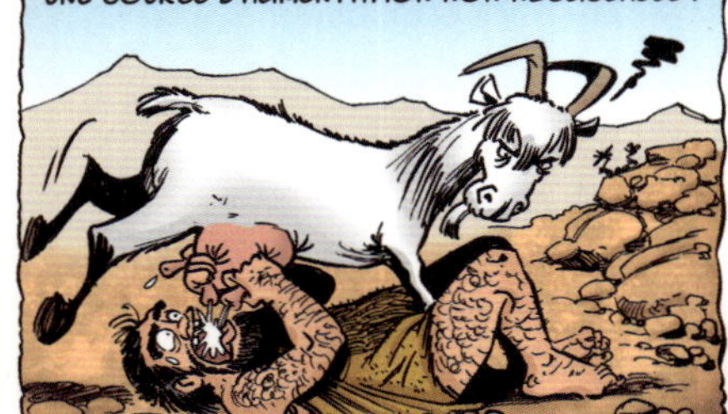

Vasilopita de Smyrne

POUR 6 À 8 PERSONNES :

- 400 g de farine
- 115 g de beurre mou
- 120 g de sucre
- 2 œufs + 1 jaune d'œuf
- 4 cuillères à soupe de lait ou de jus d'orange
- 1 zeste d'orange râpé
- 1 cuillère à café de levure
- 1/2 cuillère à café de sel
- cannelle et sucre glace

1 Préchauffe le four à 180 °C (th. 6).

2 Travaille le beurre en pommade avec le sucre.

3 Ajoute les œufs et le jaune d'œuf un par un,
puis le lait ou le jus d'orange, le zeste,
la farine, la levure et le sel.
Mélange bien cette pâte avec une cuillère en bois.

4  Tapisse un moule rond de 25 cm de papier sulfurisé.

5 Verse la pâte.

6 Si tu n'as pas de tampon à l'effigie de l'aigle de Byzance,
tu peux graver des dessins en piquant la pâte
avec les dents d'une fourchette.

7 Cuis pendant 35 minutes environ.

8  Saupoudre de cannelle et de sucre glace
à la sortie du four.

Soufflé au fromage

DÉFINITION

En général, on dit que les soufflés « ne doivent pas attendre ». En réalité, ils peuvent attendre une dizaine de minutes (pas davantage) sans problème à condition d'éteindre le four et d'en ouvrir la porte.

IL EST PRÉFÉRABLE D'UTILISER DES MOULES À SOUFFLÉ INDIVIDUELS PLUTÔT QU'UN GRAND MOULE. LE MOULE IDÉAL EST UN RAMEQUIN CLASSIQUE DE 9 CM DE DIAMÈTRE ET DE 5 CM DE HAUTEUR.

POUR 4 SOUFFLÉS INDIVIDUELS :

- 4 petits-suisses de 60 g chacun, à 30 % de matières grasses
- 4 œufs
- 50 g de fromage râpé (si possible un mélange beaufort, gruyère, comté)
- 2 cuillères à café de sel fin

1 Préchauffe le four à 210 °C (th. 7).

2 Dans un saladier, mélange avec un fouet les petits-suisses et les jaunes d'œufs.

3 Dans un bol mixeur, ajoute aux blancs d'œufs une pincée de sel et fais tourner pendant 1 minute d'abord, à vitesse moyenne, pour aérer les blancs.

4 Ensuite, fais tourner à grande vitesse mais prends soin d'arrêter avant qu'ils ne soient trop fermes. Les blancs montés en neige doivent rester un peu coulants. Incorpore délicatement les blancs d'œufs aux petits-suisses et aux jaunes.

Ce mélange doit se faire avec beaucoup de précaution pour éviter que les blancs ne se cassent.

Inutile donc de vouloir les mêler trop intimement.

5 Ajoute le fromage râpé, le restant du sel et remplis les moules jusqu'aux bords puis place-les sur la plaque à pâtisserie.

6 Enfourne pour 10 à 15 minutes.

Soufflé sucré : remplace le sel par du sucre (plutôt deux cuillères à soupe que deux cuillères à café) tout en gardant la pincée de sel pour battre les blancs en neige.

VARIANTES

Soufflé aux confitures : avant de remplir les moules avec l'appareil à soufflé sucré, dépose dans le fond du ramequin une belle cuillère à soupe de confiture.

Soufflé au chocolat : en incorporant le sucre, ajoute une belle cuillère à soupe de cacao en poudre.

chouquettes

POUR 16 CHOUQUETTES :

Pour la pâte :
- *120 g de farine*
- *100 g de beurre*
- *10 cl de lait*
- *10 cl d'eau*
- *1 cuillère à soupe de sucre semoule*
- *4 oeufs*
- *3 cuillères à soupe de sucre cristallisé (amandes et noisettes concassées, mélangées)*
- *1/2 cuillère à café de sel fin*

1 Préchauffe le four à 200 °C (th. 6/7).

2 Dans une casserole, porte à ébullition le lait, l'eau, le sel fin, le sucre, le beurre en petits morceaux. Au premier bouillon, retire la casserole du feu (ne laisse réduire en aucun cas), verse la farine en pluie tout en remuant avec une cuillère en bois.

3 Remets la casserole sur feu doux, remue énergiquement pour dessécher la pâte. Au bout d'1 minute la pâte se décolle du fond et des parois de la casserole ; retire la casserole du feu.

4 Ajoute un œuf à la pâte, mélange.
Quand le premier œuf est bien intégré à la pâte,
ajoute le deuxième, et seulement à ce moment-là.
Retravaille la pâte, ajoute le troisième, puis le dernier.

5 La consistance doit être onctueuse.
Couvre avec un couvercle.

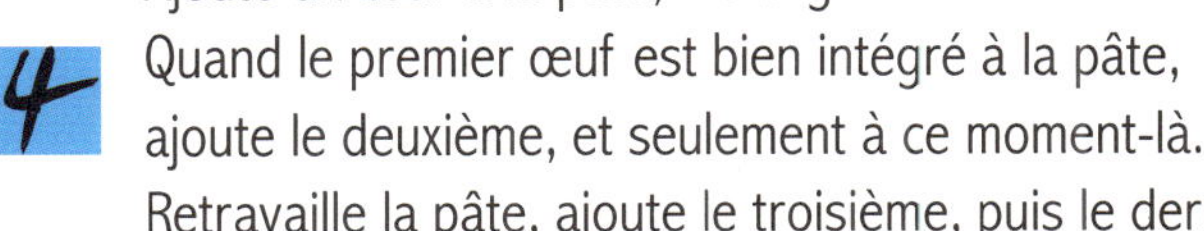

6 Passe la plaque à pâtisserie
sous l'eau du robinet ;
ne l'essuie pas.

7 À l'aide d'une cuillère ou d'une poche à pâtisserie,
forme les choux — environ 16 avec une cuillère à soupe,
32 avec une cuillère à café.
Saupoudre légèrement de sucre cristallisé.

8 Enfourne pour 25 minutes.
Au bout de 20 minutes, ouvre la porte du four
pour laisser s'échapper la vapeur.
Réduis la température du four à 170 °C (th. 5/6).
Fais cuire encore 5 minutes.

9 Conservée dans le réfrigérateur, la pâte à choux durcit.
Inutile de tenter l'expérience. Les choux cuits se congèlent aisément,
il suffit de les laisser refroidir, de les ranger aussitôt dans des sachets adaptés ou des
boîtes hermétiques. Tu les sortiras à température ambiante 1 heure avant leur utilisation.

choux au fromage :
Dans la préparation de la pâte à choux, ne mets pas de sucre
mais incorpore, après le dernier œuf (juste avant de façonner
les choux), 150 g de fromage coupé en petits dés (comté, gruyère,
beaufort). À l'aide d'un pinceau, badigeonne les choux avec un
jaune d'œuf, mélangé dans une cuillère à soupe d'eau avec une
pincée de sel. À défaut d'eau, tu peux utiliser un peu de lait.

VARIANTE

Gâteau au yaourt

POUR 4 À 6 PERSONNES :

- 1 moule à manqué
- 1 pot de yaourt nature
- 2 pots de sucre semoule
- 3 pots de farine
- 1 pot d'huile ou de beurre ou de crème fraîche épaisse
- 3 œufs
- 1 sachet de levure
- 1 cuillère à soupe de beurre pour le moule

Probablement le gâteau le plus facile à réaliser et définitivement inratable. Tu peux aussi en faire plusieurs versions à ton choix.

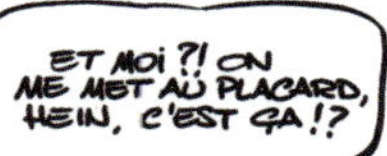

1 Préchauffe le four à 180 °C (th.6)

2 Dans un saladier ou une jatte, vide le pot de yaourt nature, puis rince-le, il te servira de verre doseur pour tous les autres ingrédients.

3 Ajoute le sucre et les œufs, mélange jusqu'à ce que l'ensemble devienne mousseux.

4 Ajoute la farine, la levure. Tu peux utiliser un batteur.

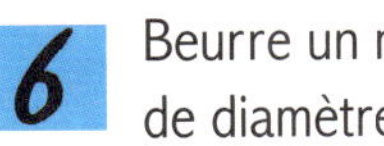
5 Ajoute l'huile ou le beurre ou la crème fraîche, selon ton choix. Mélange encore.

6 Beurre un moule à bords hauts de 20-22 cm de diamètre, verse la pâte.

7 Glisse le moule dans le four pour 35 minutes. N'ouvre surtout pas la porte du four avant la fin de la cuisson !

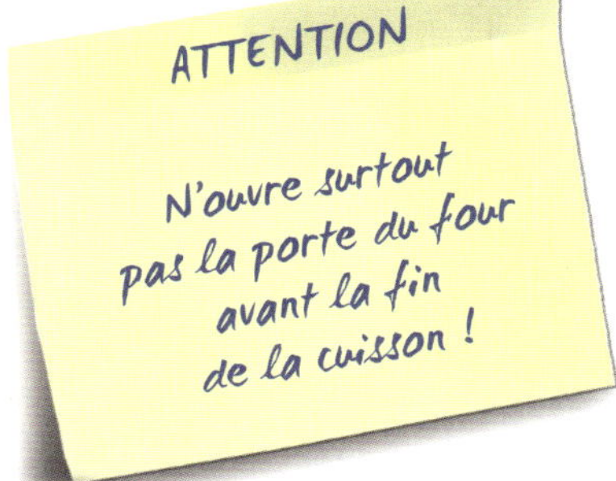

8 Vérifie avec une aiguille à tricoter ou la pointe d'un couteau, qui doit ressortir bien sèche, que ton gâteau est cuit ; sinon, remets-le dans le four quelques instants.

Tarte au fromage blanc

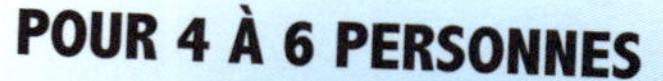

POUR 4 À 6 PERSONNES :

- Pâte brisée (voir recette p. 46)
- 500 g de fromage blanc
- 150 g de sucre semoule
- 3 œufs
- 1 petit pot de crème fraîche
- 1 sachet de sucre vanillé
- 2 cuillères à soupe de fécule (maïzena)

1 Préchauffe le four à 180 °C (th. 6).

2 Fais cuire la pâte « à blanc » pour 10 minutes.

3 Dans un saladier, mélange dans l'ordre :
le fromage blanc, le sucre, puis la crème fraîche,
les jaunes d'œufs, le sucre vanillé et la fécule.

 **4** Monte les blancs en neige, bien fermes, sans oublier d'ajouter une pincée de sel fin.

5 Incorpore très délicatement les blancs montés à la préparation précédente, puis verse dans le fond de tarte.

 **6** Mets au four 30 minutes.

NOTA :

Tu peux incorporer une poignée de raisins de Corinthe ou de Smyrne que tu auras fait macérer dans un restant de thé pendant une heure ou deux.

Pâte brisée

POUR 6 À 8 PERSONNES :

- 200 g de farine
  + 1 ou 2 cuillères à soupe (facultatif)
- 100 g de beurre
- 2 jaunes d'œufs
- 5 cuillères à soupe d'eau
- 1 pincée de sel

ATTENTION

Pense à sortir le beurre du réfrigérateur suffisamment à l'avance pour qu'il soit souple au moment de son utilisation.

1 Coupe le beurre en petits morceaux.
Dans un saladier, mélange le beurre avec les jaunes d'œufs.
Les jaunes d'œufs apportent de la robustesse à la pâte.

2 Ajoute l'eau, cuillère après cuillère, puis le sel. Mélange.

PETIT CONSEIL

On incorpore la farine à la fin pour éviter que la pâte ne devienne caoutchouteuse. Si la pâte colle aux doigts, utilise une ou deux cuillères à soupe de farine supplémentaires pour la décoller.

3 Ensuite, verse la farine en pluie et travaille la pâte le moins possible jusqu'à ce que tu obtiennes une boule de pâte qui se détache du saladier.

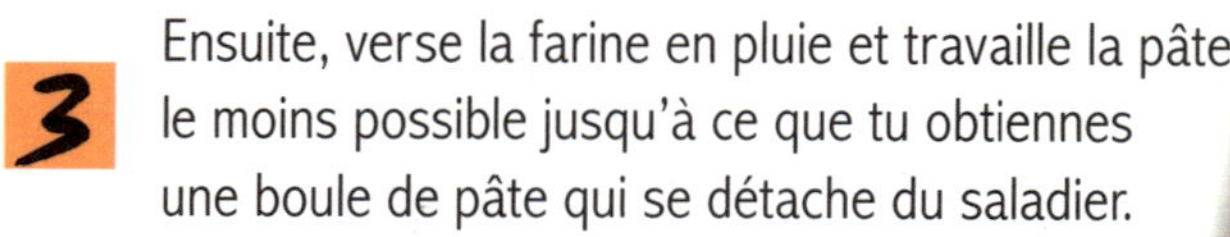

4 Aplatis la pâte pour obtenir une galette de 20 cm de diamètre, emballe-la dans un torchon ou un sac en plastique et mets-la au réfrigérateur pour 2 heures ou plus. Ce système permet d'étaler la pâte plus facilement quand on la sort du réfrigérateur.

5 Un peu avant de sortir la pâte du réfrigérateur, allume le four à 180 °C (th. 6).
Sur un torchon de cuisine bien propre, légèrement fariné, étale la pâte sur 3 mm d'épaisseur.

6 Couvre la pâte d'une feuille de papier sulfurisé, d'un diamètre supérieur à celui de la pâte.
Pose le moule retourné au centre du papier sulfurisé, et retourne ensemble le moule, le papier, la pâte et le torchon, puis retire le torchon.

7 Applique la feuille et la pâte pour qu'ils adhèrent au moule.
Découpe le papier à la hauteur du rebord du moule.

8 Avant de disposer les fruits très juteux — **abricot, prune, mirabelle, pêche et rhubarbe** —, pique la pâte avec les dents d'une fourchette, et émiette sur le fond de la pâte, au choix : 1 ou 2 belles tranches de pain d'épice rassis, 3 ou 4 biscuits à la cuiller, un reste de brioche rassise, de génoise ou de gâteau de Savoie, 4 biscottes écrasées au robot, 4 cuillères à soupe de chapelure.
Cette opération évite qu'en coulant le jus ne ramollisse désagréablement la pâte à tarte.

9 Dispose les fruits peau contre pâte et enfourne pour 30 minutes environ.

10 5 minutes avant la fin de la cuisson ou juste à la sortie du four, saupoudre les fruits de 2 cuillères à soupe de sucre cristallisé ou de cassonade.

Tarte aux pommes alsacienne

POUR 6 À 8 PERSONNES :

- 350 g de pâte brisée (recette p.46)
- 350 g de pommes
- 2 cuillères à soupe de sucre semoule
- 2 œufs
- 2 cuillères à soupe de crème fraîche
- 2 cuillères à soupe de confiture d'abricots
- 2 cuillères à soupe d'amandes en poudre et 1 cuillère à soupe de pistaches concassées (si tu en as sous la main)
- 1 noisette de beurre pour beurrer le moule

1 Préchauffe le four à 220 °C (th. 7/8).

2 Épluche les pommes, coupe-les en 12 quartiers.

 **3** Étale la pâte, puis garnis le moule beurré, et pique le fond avec une fourchette.

 **4** Étale la confiture d'abricots sur le fond de pâte puis range soigneusement les quartiers de pommes. Mets au four 20 minutes.

5 Dans un bol, bats les œufs en omelette, ajoute la crème, le sucre, la poudre d'amandes et les pistaches concassées. Mélange bien. Verse la préparation sur la tarte après les 20 premières minutes de cuisson et remets la tarte au four pour 15 minutes.

6 Sers tiède ou froid.

 **VARIANTE**  Tu peux changer le goût de la pâte sucrée en ajoutant à la farine un sachet de sucre vanillé, ou une petite cuillère à café de cannelle.

Pâte sablée

POUR 6 À 8 PERSONNES :

- 250 g de farine
- 175 g de beurre
- 70 g de sucre semoule
- 1 œuf entier
- 1 pincée de sel

1 Pense à sortir le beurre à température ambiante suffisamment à l'avance pour qu'il soit souple au moment de son utilisation ; coupe-le en petits morceaux.

2 Dans un saladier, mélange le beurre, le sucre, l'œuf, le sel. Quand le mélange est homogène, verse doucement la farine. Continue à mélanger jusqu'à obtenir une boule de pâte.

3 Aplatis la pâte pour obtenir une galette de 20 cm de diamètre sur 3 cm d'épaisseur, emballe-la dans un torchon ou un sac en plastique et mets-la au réfrigérateur pendant 2 heures ou plus.
Cette forme permet d'étaler la pâte plus facilement quand elle sort du réfrigérateur.

4 Un peu avant de sortir la pâte du réfrigérateur, allume le four à 180 °C (th. 6).

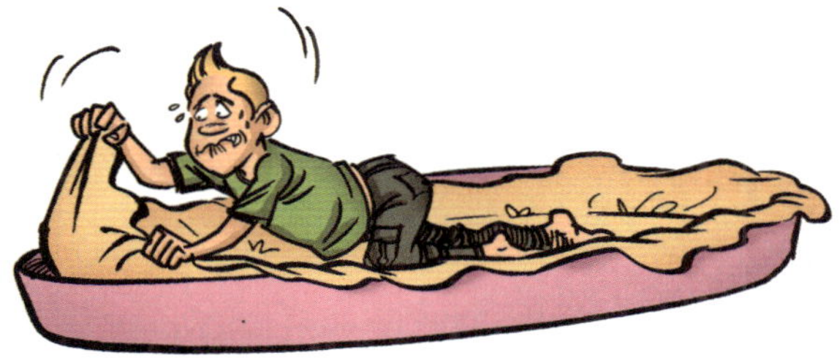

5 La pâte sablée est difficile à étaler car elle est fragile. Il est préférable de choisir des moules de dimensions moyennes et d'en prévoir 2 plutôt que de tenter l'impossible avec de grands diamètres.

6 **À défaut :** étale la pâte sur une plaque à pâtisserie légèrement humide, choisis la forme et la dimension de ton choix, mouille le pourtour du format choisi, rabats une partie de la pâte vers l'intérieur en appuyant légèrement et en formant une sorte de bourrelet. Dans les deux cas, pique la pâte avec une fourchette.

7 Compte 30 minutes de repos supplémentaires dans le réfrigérateur, sur la plaque ou dans le moule.

8 La tarte va dans le four pour 20 minutes. Dès que tu la sors, installe-la sur une grille à pâtisserie, afin que la chaleur puisse s'évacuer.

PETIT CONSEIL

Si tu veux faire une tarte aux fraises, aux framboises, aux fruits rouges en général, fais cuire ta pâte bien à l'avance pour qu'elle soit froide – complètement froide – avant de poser les fruits.

Tarte aux framboises

POUR 6 À 8 PERSONNES :

- 280 g de pâte sablée (voir recette p. 50)
- 700 g de framboises
- 100 g de coulis de fruits frais, ou 1 pot de gelée de framboise
- 1 noisette de beurre pour beurrer le moule

Tu peux remplacer les framboises par des fraises, mûres, myrtilles et autres fruits rouges...

1 Étale la pâte sur la planche à pâtisserie farinée à 3 mm d'épaisseur.

2 Dépose-la dans un moule beurré.

3 Tu dois bien « crêter » les bords en pressant la pâte entre le pouce et l'index.

4 Pique le fond avec une fourchette.

5 Pose une feuille de papier sulfurisé d'un diamètre supérieur au moule, garnis avec des haricots secs et laisse reposer au frais pendant 30 minutes.

6 Préchauffe le four à 180 °C (th. 6).

7 Mets le fond de tarte au four 25 minutes. Sors du four, retire les haricots et le papier, laisse refroidir.

8 Passe rapidement les fruits sous l'eau fraîche, égoutte-les, équeute-les s'il s'agit de fraises.

9 Range les fruits sur le fond de tarte, recouvre-les au pinceau d'une fine couche de coulis ou de gelée — tiédie si elle est compacte. Sers aussitôt.

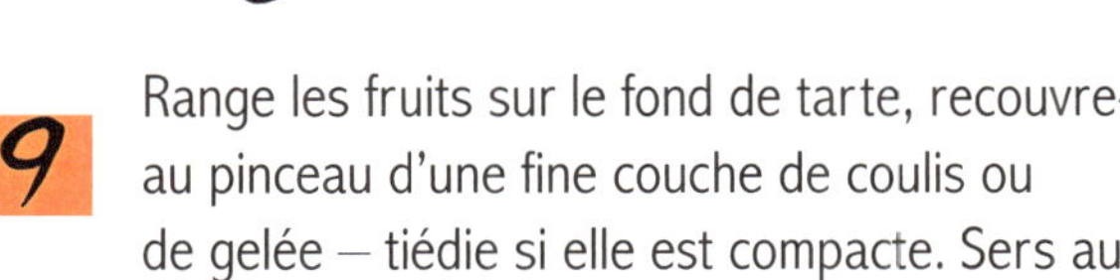

Tu peux garnir le fond de tarte avec de la crème chantilly. Si tu préfères la pâte brisée (voir recette p.46), tu peux l'utiliser également sans problème.

Tarte des demoiselles Tatin

POUR 6 À 8 PERSONNES :

- 250 g de pâte feuilletée fraîche ou surgelée du commerce
- 6 pommes Calville, Reinette ou Belle de Boskoop
- 250 g de sucre semoule
- 100 g de beurre
- 1/2 verre d'eau

Il te faut un moule à Tatin, idéalement en cuivre ou un moule à manqué, c'est-à-dire un moule un peu haut.

1 Préchauffe le four à 180 °C (th. 6).

2 Verse le sucre et l'eau dans le moule. Mets sur le feu et surveille. Surveille attentivement : le sucre commence par blanchir, ensuite et très rapidement, il passe au blond clair et devient fauve. À ce moment précis, ajoute le beurre coupé en morceaux.

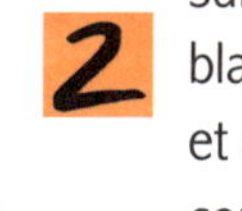

3 Maintiens le moule sur le feu jusqu'à ce que le caramel ait entièrement absorbé le beurre, puis retire le moule du feu et laisse refroidir.

4 Épluche les pommes, épépine-les à l'aide du vide-pomme, coupe-les en deux dans le sens de la hauteur.
Range-les debout dans le moule, bien serrées les unes contre les autres, en commençant par les bords pour finir par le centre.

5 Étale la pâte brisée ou feuilletée (tu l'achètes dans le commerce en vérifiant qu'elle soit bien préparée au beurre) sur 3 ou 4 mm d'épaisseur sur le plan de travail fariné. Découpe-la en rond avec un couvercle ou une grande assiette de diamètre supérieur au moule. Pique ce rond de pâte avec une fourchette et mets-le au réfrigérateur.

6 Remets le moule garni de pommes sur le feu pour environ 5 minutes, puis glisse-le au four pour 20 minutes.

7 Retire du four. Couvre le moule avec la pâte bien froide et rabats les bords pour fermer hermétiquement le moule.

8 Remets au four pour 25 à 30 minutes de cuisson. Sors le moule du four et laisse reposer 15 minutes.

9 Pose le plat de service sur le moule. Retourne vivement. Les pommes caramélisées se retrouvent sur le dessus de la tarte.

10 Sers tiède. Le pot de crème fraîche est superfétatoire ; pour certains, il est indispensable.

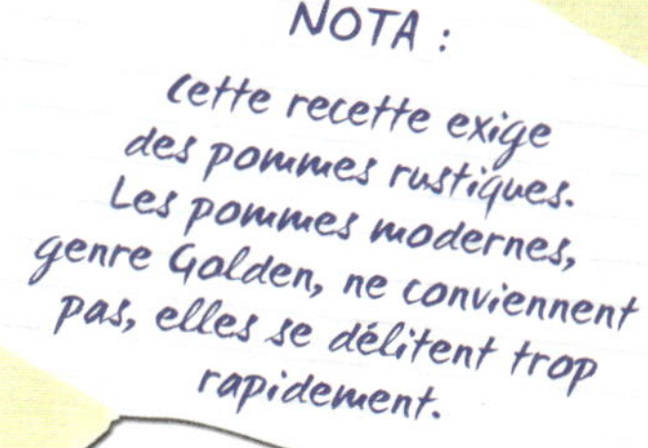

NOTA :

Cette recette exige des pommes rustiques. Les pommes modernes, genre Golden, ne conviennent pas, elles se délitent trop rapidement.

Galette lyonnaise à la frangipane

POUR 8 PERSONNES :
- 2 rouleaux de pâte feuilletée

LA CRÈME :
- 100 g de farine
- 100 g de sucre
- 2 œufs + 2 jaunes d'œufs
- 1/2 litre de lait
- 50 g de beurre coupé en morceaux
- 25 g de poudre d'amandes
- 1 gousse de vanille fendue ou un zeste de citron
- en option : 1 cuillère à café d'extrait d'amandes amères

POUR SOUDER ET DORER LA PÂTE :
- un peu de lait ou de jaune d'œuf

1 Préchauffe le four à 220 °C (th. 7/8).

2 Fais chauffer le lait avec la gousse de vanille ou le zeste de citron.

3 Mélange le sucre et la farine dans un saladier et incorpore les œufs et les jaunes un par un en remuant entre chaque, puis l'extrait d'amandes amères si tu le souhaites.

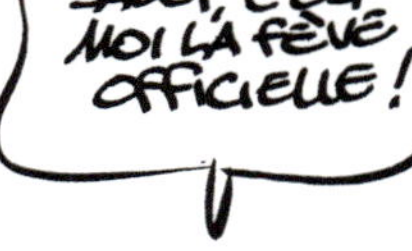

4 Enlève la vanille du lait et verse-le sur le mélange farine/sucre/œufs en fouettant rapidement.

5 Reverse dans la casserole et fais cuire à feu doux.

6 Remue avec un fouet ou une cuillère en bois, sans cesse pour éviter les grumeaux. Dès que la crème épaissit (elle doit « envelopper » la cuillère), retire du feu pour éviter qu'elle bouille.

7 Ajoute le beurre puis la poudre d'amandes. Fouette de nouveau.

8 Déroule une pâte feuilletée sur la plaque du four recouverte de papier sulfurisé.

9 Verse la crème au centre en laissant un bord de 2-3 cm.

10 Cache la fève à l'endroit de ton choix.

11 Au pinceau ou du bout des doigts, humecte le bord de la pâte avec un peu de lait ou de jaune d'œuf.

12 Recouvre du deuxième rouleau de pâte en appuyant bien sur les bords pour les souder, puis relève-les en formant un « boudin » tout autour de la galette.

13 Dessine des arabesques sur le dessus et dore au lait ou au jaune d'œuf.

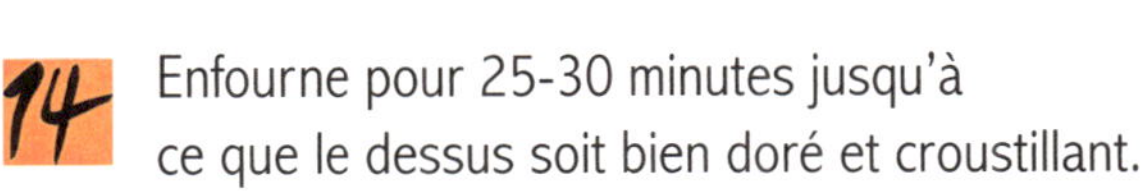

14 Enfourne pour 25-30 minutes jusqu'à ce que le dessus soit bien doré et croustillant.

15 Déguste tiède ou froid.

Pâte à crêpes

POUR 24 CRÊPES :
- 250 g de farine
- 4 oeufs
- 50 cl de lait
- 5 cuillères à soupe de beurre
- 1/2 à café de sel fin

PETIT CONSEIL

Cette pâte peut se préparer la veille pour le lendemain. Le diamètre idéal de la poêle est de 16 à 18 centimètres. Qu'elle soit en fer ou recouverte d'une matière anti-adhésive, privilégie un fond bien plat.

PETIT CONSEIL

Le beurre fondu s'incorpore mieux à l'appareil que l'huile froide et permet surtout de moins graisser la poêle en cours de cuisson.

1 Mets le beurre à fondre dans une casserole.

2 Dans un saladier, mets la farine, le sel, les œufs, mélange grossièrement.
Verse le lait en filet en mélangeant avec un batteur électrique, une cuillère en bois ou un fouet jusqu'à l'obtention d'une pâte fluide, lisse et sans grumeau.
Verse deux cuillères à soupe de beurre fondu, mélange.
Laisse reposer 2 heures au réfrigérateur.

3   Beurre le fond de la poêle.

4   À l'aide d'une petite louche, verse la pâte.
Couvre le fond de la poêle d'un mouvement
rapide du poignet.
Fais cuire 1 minute sur chaque face.
Retourne avec une spatule.

5   Renouvelle l'opération jusqu'à épuisement
de la pâte.

compote de fraises

POUR 6 PERSONNES :

- 900 g de fraises
- 400 g de sucre cristallisé
- 1/2 litre d'eau
- 1/2 gousse de vanille

1 Passe rapidement les fraises sous l'eau fraîche, égoutte-les, équeute-les et sèche-les délicatement dans un torchon.

2 Retire environ 100 g de ces fraises, passe-les au mixeur ou au moulin à légumes, grille fine.

3 Dans une casserole, mets l'eau, le sucre, le coulis de fraises que tu viens de préparer et la vanille.
Porte à ébullition 3 minutes. Retire la casserole du feu, couvre-la pour laisser infuser pendant 15 minutes.

4 Mets les fraises dans un saladier (si elles sont grosses, coupe-les en deux ou en quatre), ajoute le contenu de la casserole filtré à travers une passoire fine. Recouvre le saladier d'un film alimentaire et mets-le au réfrigérateur.

5 Sers cette compote bien fraîche, avec des petits gâteaux secs.

VARIANTE Remplace les fraises par des framboises.

Gelée de groseilles à froid

INGRÉDIENTS POUR 4 POTS DE 375 G :

- 1,3 kg de groseilles
- Sucre semoule (poids égal à celui du jus)

1 Préchauffe le four à 150 °C (th. 5).

2 Rince rapidement les groseilles sous l'eau fraîche, égoutte-les, sèche-les dans un torchon, puis égrappe-les.

3 Passe les groseilles au moulin à légumes grille fine. Pèse le jus obtenu.

4 Verse le sucre dans un plat à gratin. Mets au four pour 10 à 12 minutes.

5 Remue 2 ou 3 fois pour que le sucre soit très chaud, sans brunir.

6 Verse le sucre chaud dans le jus de groseilles Mélange bien jusqu'à ce que le sucre soit fondu.

7 Passe le mélange dans une passoire fine.

NOTA :

Cette gelée à froid se conserve impérativement au réfrigérateur.

8 Mets en pots aussitôt et couvre à froid.

charlotte
aux fraises ou aux framboises

POUR 6 PERSONNES :

- 1 moule à charlotte
- 12 biscuits à la cuiller
- 350 g de fraises et framboises
- le jus d'un citron
- le jus d'une orange
- 400 g de fromage blanc frais
- 60 g de sucre semoule
- 1 sachet de sucre vanillé

1 Trempe rapidement les biscuits dans les jus d'orange et de citron mélangés, et tapisse le fond et les parois du moule.

2 Dans un saladier, écrase, avec une fourchette, le tiers des fraises.

Mélange avec le fromage blanc, le sucre et le sucre vanillé.

Coupe le restant des fraises en deux et mélange-les avec les framboises.

5 Remplis un tiers du moule avec la moitié de ce mélange de fruits rouges.
Ajoute le fromage blanc, en réservant la valeur de cinq cuillères à soupe.

6 Verse les fraises et framboises restantes.

7 Couvre avec le reste du mélange de fromage blanc.

8 Recouvre le moule avec un film alimentaire.
Mets-le au réfrigérateur pour quelques heures.

Sers la charlotte avec un coulis de framboises ou de fraises.

Crumble aux pommes

POUR 6 PERSONNES :

- 800 g de pommes fermes, croquantes et acidulées
- 100 g de sucre cristallisé
- 1 cuillère à soupe de beurre
- 1 cuillère à soupe de miel
- Le jus d'un demi-citron
- 1/2 sachet de sucre vanillé
- 1 cuillère à café de cannelle en poudre

Cette pâtisserie anglaise est définitivement inratable.

POUR LA PÂTE :

- 70 g de farine
- 30 g de sucre glace
- 30 g de beurre
- 1 cuillère à soupe de lait

1 Dans un saladier, mélange du bout des doigts la farine, le beurre et le sucre glace. Ajoute une cuillère à soupe de lait froid pour obtenir une pâte un peu friable. Couvre avec un torchon propre et mets au réfrigérateur le temps de préparer le restant de la recette.

2 Prépare un saladier d'eau froide à quoi tu ajouteras le jus d'un demi-citron. Épluche les pommes et mets-les dans le saladier d'eau froide citronnée, pour éviter qu'elles ne noircissent. Coupe la moitié des pommes en quartiers.

3
Dans une casserole à fond épais, fais fondre le beurre.
Ajoute les pommes en quartiers,
le sucre vanillé et la moitié de la cannelle.
Couvre et laisse compoter une dizaine de minutes,
puis ajoute le sucre et le miel.
Remue avec une cuillère en bois et laisse
encore 10 minutes compoter à feu moyen.

4
Préchauffe le four à 200 °C (th. 6/7).

5
Coupe les pommes restantes en petits
dés de 1 cm de côté environ.
Beurre un plat à gratin.
Étale les dés dans le plat et mets au four
pour 15 minutes.

6
Sans éteindre le four, retire le plat,
ajoute la compote et mélange.

7
Sors la pâte du réfrigérateur, émiette-la grossièrement
entre tes doigts et répands-la sur le mélange
pommes/compote. Saupoudre le reste de cannelle.

8
Remets le plat au four pour 35 minutes en prenant
soin d'ouvrir la porte du four 3 ou 4 fois durant
ces 35 minutes pour que la vapeur s'échappe,
que la pâte soit croustillante. Sers chaud ou tiède.

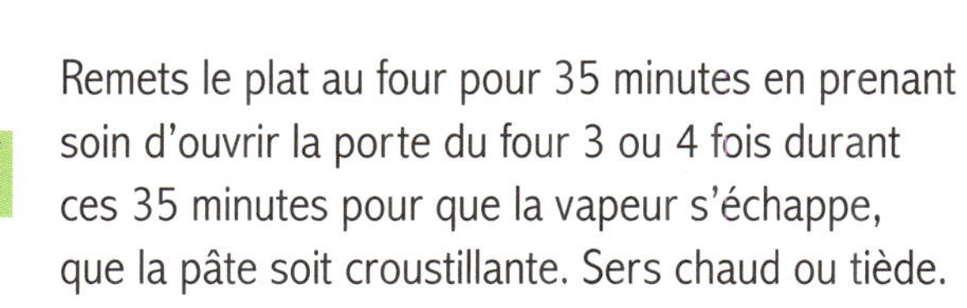

Far aux pruneaux

POUR 6 PERSONNES :

- 1 plat à gratin en terre (26-28 cm de long)
- 100 g de farine
- 3 cuillères à soupe de sucre semoule
- 3 œufs
- 50 g de lait
- 1 cuillère à soupe d'huile (de colza ou d'arachide)
- 10 g de beurre pour le moule

PETIT CONSEIL

10-15 gros pruneaux dénoyautés à faire gonfler pendant 2/3 heures dans un restant de thé ou d'infusion (menthe, verveine, tilleul, au choix).

1 Préchauffe le four à 220 °C (th. 7/8).

2 Dans un grand saladier, mélange la farine et le sucre.

3 Tout en mélangeant et sans cesser de mélanger, ajoute les œufs un à un, puis l'huile et le lait.

 **4** La pâte doit être fluide, souple et sans grumeaux.

 **5** Égoutte les pruneaux.

6 Beurre un plat à gratin en terre.

 **7** Verse la pâte.

8 Répartis les pruneaux sur la pâte et mets dans le four. Après 10 minutes de cuisson, réduis la température à 170 °C (th. 5/6) et laisse cuire pendant 35 minutes.

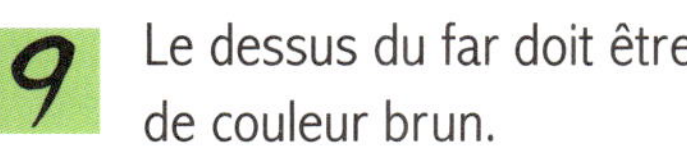 **9** Le dessus du far doit être de couleur brun.

10 Le far aux pruneaux se sert tiède ou froid dans le plat de cuisson.

Clafoutis ou gâteau moelleux aux cerises

POUR 4 À 6 PERSONNES :

- 600 g de cerises (ou abricots, pêches, poires, pommes, quetsches...)
- 4 œufs
- 100 g de sucre + 2 cuillères à soupe pour le moule
  + 1 cuillère à soupe pour dorer
- 60 g de farine
- 1 cuillère à soupe de beurre
- 25 cl de lait
- 10 cl de crème épaisse
- 1 pincée de sel fin

1 Préchauffe le four à 220 °C (th. 7/8).

2 Passe les cerises sous l'eau fraîche, égoutte-les, équeute-les.

3 Dans un saladier, mélange les œufs, le sucre, le sel et la farine.

4 Ajoute le lait en deux fois, en mélangeant doucement au fouet.
Ajoute la crème et continue à mélanger.

5 Beurre un moule à gratin,
puis saupoudre de deux cuillères
à soupe de sucre.

6 Étale les cerises dans le plat.
Verse le mélange sur les cerises à travers un chinois
ou une passoire fine pour éliminer les grumeaux.

7 Mets au four pour 30 minutes.

8 Après 10 minutes, réduis la chaleur du four à 180 °C (th. 6).

9 Après 10 minutes supplémentaires, saupoudre de sucre
et poursuis la cuisson jusqu'à son terme.

10 Sers tiède ou à température ambiante.

Pêche Melba

POUR 6 PERSONNES :

- 6 petites pêches ou 3 grosses, blanches ou jaunes, parfaitement mûres
- 100 g de framboises
- 180 g de sucre semoule
- 1/2 litre de glace à la vanille

La pêche Melba fut imaginée en 1893 par un grand cuisinier français, Auguste Escoffier, pour une célèbre cantatrice australienne Nelly Melba. On rajoute souvent de la crème chantilly : c'est une erreur indigne de la création.

1 Plonge les pêches — 1 minute — dans une casserole d'eau bouillante et rafraîchis-les immédiatement dans un bain d'eau froide.

2 Pèle les pêches.
Si elles sont petites, laisse-les entières sans les dénoyauter, et si elles sont grosses, coupe-les en deux et retire le noyau.

3 Fais bouillir un verre d'eau avec 150 g de sucre et fais pocher les pêches environ 5 minutes (fruits fragiles, pas davantage).

4 Hors du feu, laisse-les refroidir complètement, puis égoutte-les soigneusement.

5 Pendant ce temps, prépare un coulis de framboises avec le restant du sucre.

6 Répartis dans des coupes de service la glace à la vanille. Coiffe la glace avec une demi-pêche ou une pêche entière, selon.

7 Nappe l'ensemble de coulis de framboises et sers tel quel.

Pommes au four
à la gelée de fruits rouges

POUR 6 À 8 PERSONNES :

- 6 pommes à cuire, fermes, juteuses, légèrement acidulées de même calibre (Belle de Boskoop, Reine des Reinettes, Reinette clochard ou Reinette du Mans, Reinette blanche ou grise du Canada)
- Le jus d'un citron
- 2 cuillères à soupe de beurre
- 3 cuillères à soupe de sucre semoule
- 6 cuillères à soupe de gelée de fruits rouges (framboises, groseilles, cassis)

1 Préchauffe le four à 190 °C (th. 6/7).

2 Enlève à l'aide du vide-pomme la queue, le cœur et le cul des pommes. Pèle-les.

3 Plonge-les dans une casserole d'eau bouillante additionnée de jus de citron et maintiens l'ébullition 3 minutes.

4 Égoutte en réservant un demi-verre d'eau de cuisson dans le fond de la casserole.

5 Range les pommes dans un plat à gratin beurré.

6 Verse le sucre dans l'eau de cuisson réservée, porte à ébullition. Arrose les pommes avec le sirop obtenu. Dépose une noisette de beurre dans la cavité centrale de chaque fruit.

7 Mets le plat au four.
Après 10 minutes, arrose les pommes avec le sirop de cuisson.

8 Couvre le plat avec une feuille d'aluminium et laisse cuire encore 15 minutes.

9 Remplis la cavité de chaque pomme avec une cuillère de gelée et arrose à nouveau avec un peu de sirop de cuisson.

10 Sers avec du riz au lait, ou sur des tranches de pain brioché grillées et tartinées de gelée de fruits rouges (voir recette p. 61). Tu peux décorer avec des amandes effilées grillées ou des pistaches concassées.

Cake aux fruits

POUR 6 PERSONNES :

- 250 g de farine
- 250 g de sucre
- 250 g de beurre
- 3 œufs
- 150 g de fruits confits
- 50 g de raisins secs
- 30 g d'amandes effilées
- 1/2 paquet de levure
- 1 tasse de sirop ou de thé

1 Fais macérer dans un bol les raisins secs et les fruits confits avec trois cuillères de sirop ou de thé pendant au moins 3 heures. Égoutte-les 30 minutes avant le démarrage de la recette et éponge-les dans un papier absorbant avant de les rouler dans un peu de farine (une cuillère à entremets).

2 Préchauffe le four à 200 °C (th. 7).

3 Bats au fouet ou au batteur électrique à vitesse moyenne le sucre et le beurre ramolli et coupé en petits morceaux, jusqu'à ce que le mélange devienne mousseux.

4 Ajoute les œufs un à un, en continuant de fouetter pendant une dizaine de minutes.

5 Ajoute la farine, le demi-paquet de levure et le reste de liquide de macération (sirop ou thé). Avec une cuillère en bois, incorpore délicatement les fruits confits et les raisins secs enrobés de farine.

6 Tapisse de papier sulfurisé le fond et les parois d'un moule à cake. Remplis-le de pâte, parsème la surface d'amandes effilées. Mets au four aussitôt.

7 Après 5 minutes, baisse le four à 180 °C (th. 6).

8 Après 20 minutes de cuisson, fends avec un couteau le dessus du cake et maintiens la cuisson pendant 1 h 10 environ.

9 À la sortie du four, arrose le cake avec le reste du sirop ou du thé.

Gâteau au chocolat

POUR 6 PERSONNES :

- 1 moule à manqué
- 200 g de chocolat noir
- 150 g de sucre semoule
- 50 g de farine
- 150 g de beurre
  + 20 g pour le moule
- 4 œufs
- 1 pincée de sel fin

1 Préchauffe le four à 180 °C (th. 6).

2 Porte à ébullition un litre d'eau dans une grande casserole, puis réduis jusqu'à frémissement.

3 Dans une casserole plus petite, casse le chocolat en morceaux et pose cette casserole dans l'eau frémissante pour le faire fondre. Cette opération s'appelle un bain-marie.

4 Sépare les blancs des jaunes. Bats les blancs très fermement en n'oubliant pas d'ajouter une pincée de sel fin.

5 Dans un grand saladier, mélange le beurre et le sucre.

6 Ajoute le chocolat fondu sans cesser de mélanger.

7 Ajoute les jaunes d'œufs un par un. Mélange, puis sans cesser de remuer, ajoute la farine et les blancs d'œufs en deux ou trois fois.

8 Le mélange doit être homogène, sans grumeaux.

9 Verse la pâte dans un moule à manqué.

10 Baisse la température du four à 150 °C (th. 5) et enfourne le gâteau pour 30 minutes. Vérifie la cuisson en piquant la lame d'un couteau ou une aiguille à tricoter qui doit ressortir propre.

11 Il est préférable de démouler le gâteau quand il est tiède.

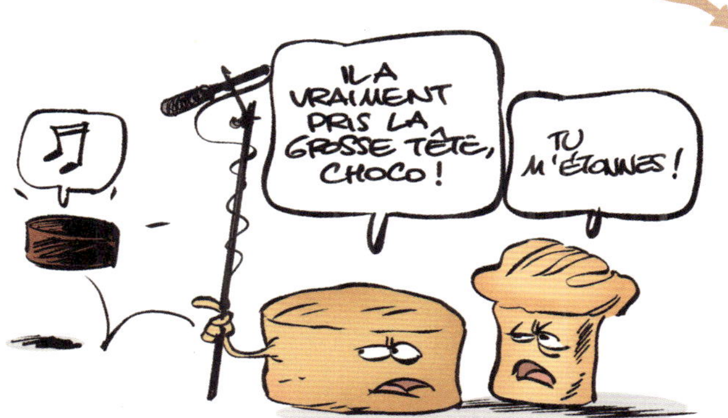

12 Dépose-le sur une grille jusqu'à complet refroidissement.

Mousse au chocolat

POUR 6 PERSONNES :

- 400 g de chocolat noir
  (ou amer ou bitter ou supérieur,
  le moins sucré possible)
- 100 g de beurre
- 5 œufs entiers + 1 blanc d'œuf
- 3 cuillères à soupe d'eau
- 1 pincée de sel

ASTUCE

Cette recette se prépare la veille pour le lendemain.

1 Pense à sortir le beurre du réfrigérateur 2 heures avant de commencer la recette. Dans une casserole, au bain-marie, fais fondre très lentement le chocolat avec les 3 cuillères à soupe d'eau jusqu'à obtenir un ruban bien lisse.

2 Hors du feu, incorpore par petites noix le beurre ramolli. L'opération est délicate, il faut prendre soin d'attendre que la première petite noix de beurre soit bien incorporée pour introduire la suivante. Ajoute les jaunes les uns après les autres en mélangeant méticuleusement.

3 Monte les 6 blancs d'œufs en neige, sans oublier d'ajouter une pincée de sel fin. Les blancs doivent être très fermes. Verse le mélange chocolat/beurre/jaunes d'œufs sur les blancs. Mélange délicatement. Mets le saladier au réfrigérateur pour la nuit.

Soupe au chocolat

POUR 4 PERSONNES :

- 200 g de chocolat noir ou blanc
- 1 gousse de vanille
- 1 pincée de poudre
  de cardamome (facultatif)
- 1/2 litre de lait

1 Râpe ou hache finement le chocolat.

2 Ouvre la gousse de vanille en deux
et gratte soigneusement les graines.

3 Porte à ébullition le lait, la gousse
et les graines de vanille et la cardamome.

4 Retire la gousse de vanille,
verse petit à petit le lait sur le chocolat râpé.

5 Mélange soigneusement jusqu'à ce que la sauce soit onctueuse.

6 On peut manger cette soupe chaude avec une brioche
tiède, avec des poires pochées dans un sirop et
une boule de glace à la vanille, ou des profiteroles
que tu auras faites avec des choux.

Bûche aux marrons et chocolat

POUR 4 À 6 PERSONNES :

- 1 boîte de marrons entiers au naturel de 400 g soit 280 g égouttés
- 100 g de chocolat à dessert
- 100 g de beurre
- 80 g de sucre semoule
- 6 biscuits à la cuiller
- 100 g de crème liquide
- sucre glace

1 Égoutte les marrons dans une passoire.
Fais-les réduire en purée au moulin à légumes (grille moyenne) au-dessus d'un saladier.

2 Casse le chocolat en morceaux dans une petite casserole placée dans un bain-marie. Laisse fondre.

3 Ajoute le beurre en morceaux et le sucre. Remue. Lorsque le mélange est homogène, verse-le sur la purée de marrons. Mélange avec une cuillère en bois. Laisse reposer 10 minutes.

4 Bats la crème en chantilly, ne la sucre pas. Incorpore-la au mélange chocolat/marrons en soulevant délicatement la masse.

5 Utilise un moule à cake ou à pâté de 20 cm de longueur, 8 cm de largeur, 5 à 6 cm de hauteur. Plie en deux une feuille d'aluminium, découpe un rectangle de 20 x 30 cm. Tapisses-en le moule, en prenant soin de la faire dépasser de 5 cm sur les deux longueurs.

6 Remplis le moule avec la préparation. Termine par les biscuits à la cuiller (6 pièces environ), rangés dans le sens de la longueur. Recoupe les extrémités si nécessaire, réserve-les pour la décoration.

7 Rabats la double épaisseur de papier d'aluminium sur les biscuits. Étale un linge sur le plan de travail. Démoule au centre. Les biscuits deviennent alors la base du gâteau.

8 Referme le torchon autour de la bûche et serre les deux extrémités. Façonne à la main pour donner à l'ensemble une forme arrondie. Réserve la bûche telle quelle sur un plat quelques heures au réfrigérateur.

9 Débarrasse la bûche de son « emballage », linge et papier d'aluminium.

10 Trace des lignes sur la surface pour imiter l'écorce d'un arbre. Sectionne chaque extrémité bien nettement avec un couteau. Garnis avec les morceaux de biscuits précédemment coupés. Parsème d'un peu de chocolat en tablette râpé. À travers une grande passoire fine, saupoudre légèrement de sucre glace.

11 Réserve au réfrigérateur. Entrepose à température ambiante une demi-heure avant la dégustation. Voilà une bûche délicieuse, du plus bel effet et, ce qui n'est pas négligeable, facile à réaliser.

Gnocchi dolci di natale

POUR UNE QUARANTAINE DE GNOCCHIS :

- 25 noix
- 75 g de sucre
- 1 cuillère à café de chapelure
- 25 g de chocolat à pâtisser, à 70 % de cacao, râpé
- 1 cuillère à café de zeste de citron râpé
- 1 bonne pincée de cannelle en poudre
- 2 cuillères à soupe de lait
- 225 g de farine
- 1 petit œuf
- huile de friture
- sucre glace

ATTENTION

Je te conseille de te faire aider par tes parents ou un adulte si tu veux t'essayer à la friture.

1 Broie les noix au mixeur, puis, dans un saladier, incorpore au sucre, chocolat, chapelure, zeste de citron et cannelle. Ajoute le lait pour obtenir une pâte assez consistante.

2 À part, mélange la farine, l'œuf et 10 cl d'eau tiède pour réaliser une pâte lisse.

3 Si elle est trop collante, rajoute un peu de farine. Pétris cinq bonnes minutes sur le plan de travail fariné.

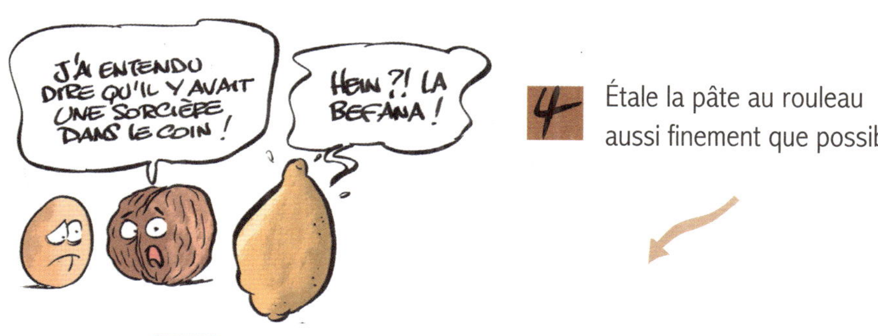

4 Étale la pâte au rouleau aussi finement que possible.

5 Découpe-la en rectangle de 4 x 5 cm et humidifie légèrement les bords.

6 Place une noix de farce au centre de chaque carré, plie en deux et presse bien les bords.

7 Fais chauffer l'huile dans une friteuse à 195 °C.

8 Plonge 4 à 5 gnocchis à la fois en les retournant avec une écumoire.

9 Quand les gnocchis sont dorés et croustillants, sors-les avec l'écumoire, mets-les sur un papier absorbant et saupoudre de sucre glace.

10 Déguste froid.

Terrine aux meringues

POUR 6 À 8 PERSONNES :

- 1 moule à cake de 20 cm de long
- 300 g de crème de marrons vanillée
- 200 g de beurre mou
- 50 g de chocolat à croquer
- 100 g de meringues

LE GLAÇAGE :

- 100 g de chocolat à croquer
- 50 g de crème fraîche

1 Fouette le beurre mou au batteur électrique pour le réduire en crème, ajoute la crème de marrons et le chocolat fondu. Mélange bien.

2 Coupe les meringues en petits morceaux.

3 Chemise le moule à cake de film alimentaire transparent.

4 Verse en alternant une couche de crème,
une couche de meringues.
Termine par une couche de crème.
Tasse bien et réserve 3 heures au congélateur.

5 Démoule la terrine sur un plat de service.

6 Prépare le glaçage : fais fondre le chocolat en morceaux au bain-marie.
Hors du feu, incorpore la crème et mélange bien pour obtenir une crème
lisse et brillante.

7 Étale le glaçage sur les 5 faces
de la terrine à l'aide d'un pinceau
ou du plat d'un couteau.

8 Place 1 heure au frais avant de servir.

Tarte au sucre
ou
Tarte à la cassonade

POUR 6 PERSONNES :

Pour la pâte :
- 250 g de farine
- 3 œufs
- 100 g de beurre mou (à température de la cuisine)
- 10 cl de lait
- 15 g de levure du boulanger
- 1 pincée de sel fin

Pour la garniture :
- 150 g de cassonade ou de sucre
- 50 g de beurre mou
- 25 cl de crème liquide

PETIT CONSEIL

Pour cette tarte, je te conseille de la cassonade, sucre roux non raffiné. Il a un goût très particulier et très agréable. À défaut, tu peux utiliser du sucre blanc.

1 Pense à sortir le beurre du réfrigérateur pour qu'il ramollisse. Coupe-le en morceaux et délaye la levure du boulanger dans le lait tiède.

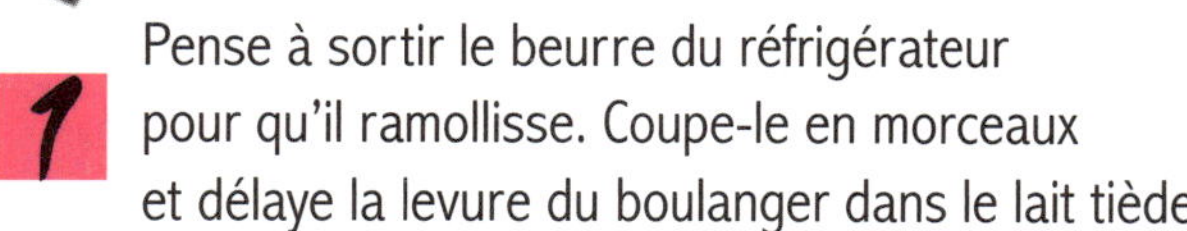

2 Dans un saladier, mets la farine, puis creuse un puits au centre. Ajoute le sel, le beurre, les œufs et la levure délayée.

3 Mélange et travaille la pâte à deux mains, jusqu'à ce qu'elle devienne bien homogène. Forme une boule, puis recouvre le saladier d'un torchon et laisse tranquillement reposer à température de la cuisine.

4 Étale la pâte jusqu'à obtenir un disque de 25 cm de diamètre.

5 Recouvre une plaque à pâtisserie de papier sulfurisé et pose le disque de pâte dessus. Avec tes doigts, forme un petit bourrelet tout autour de la pâte.

6 Recouvre du torchon et laisse reposer encore 1 heure. Allume le four à 180 °C (th. 6).

7 Répands de manière régulière le sucre sur le fond de la pâte, ainsi que des petites noisettes de beurre.

8 Mets au four pour 30 minutes.

9 Sors la tarte et répands la crème liquide, puis remets-la dans le four 6 à 8 minutes. Sers la tarte tiède : elle sera meilleure.

PETIT CONSEIL

Si tu as de l'extrait de vanille liquide ou de la cannelle en poudre, ajoutes-en quelques gouttes ou une cuillère à café dans la crème liquide. Mélange avant de verser sur la pâte.

Confiture d'abricots traditionnelle

POUR 4 POTS DE 375 g :

- 1,3 kg d'abricots, soit 1,2 kg net dénoyautés
- 900 g de sucre cristallisé
- Le jus d'un citron

LA MODE VEUT QU'ON RÉDUISE LES QUANTITÉS DE SUCRE DANS LES CONFITURES. C'EST POSSIBLE. LE MÉLANGE (POIDS POUR POIDS OU PRESQUE FRUITS/SUCRE) PERMET UNE BONNE ET LONGUE CONSERVATION DE LA CONFITURE. SI TU DÉSIRES RÉDUIRE LA QUANTITÉ DE SUCRE, TU PEUX LE FAIRE D'UN QUART. PAS DAVANTAGE. MAIS SACHE QU'IL TE FAUDRA CONSERVER LA CONFITURE DANS LE RÉFRIGÉRATEUR SINON TU AURAS DES SURPRISES DÉSAGRÉABLES, TELLES DES MOISISSURES, DES ODEURS, DE LA CRISTALLISATION.

1 Passe les abricots sous l'eau fraîche et dénoyaute-les. Dans un saladier, mélange le sucre avec les abricots. Couvre et mets au réfrigérateur pour 48 heures en prenant soin de remuer à nouveau après 24 heures de macération. Verse le contenu du saladier dans la bassine à confitures.

2 Ajoute le jus du citron. Porte lentement à ébullition et laisse cuire à petits bouillons 15 minutes environ, en remuant fréquemment.

3 Au début de l'ébullition, tu constateras que la confiture se couvre d'une mousse blanche épaisse : l'écume. Au fur et à mesure que tu remueras, l'écume sera absorbée et tu constateras que la confiture prend alors une belle couleur dorée.

4 Laisse cuire une vingtaine de minutes, verse dans les pots qu'il faut fermer immédiatement et retourner.

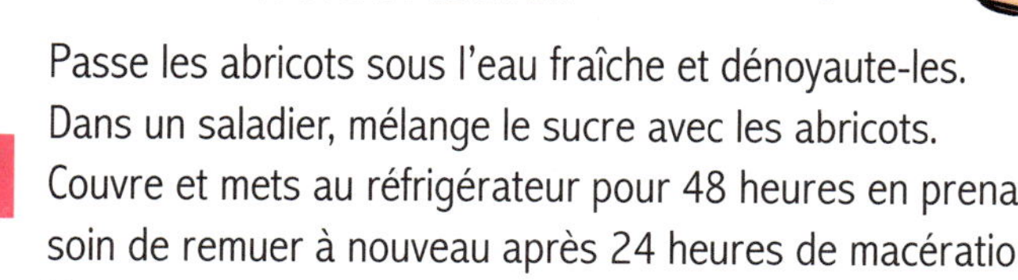

Fruits rôtis au sucre

- 800 g de fruits assortis : pêches, brugnons, nectarines, abricots
- 1 cuillère à soupe de beurre + 2 (pour le plat)
- 4 cuillères à soupe de sucre semoule
- 1 sachet de sucre vanillé
- 1 cuillère à café de cannelle ou quatre-épices (facultatif)

1 Préchauffe le four à 200 °C (th. 7). Lave et coupe les fruits en deux. Ôte les noyaux.

2 Beurre un plat à gratin. Répartis 2 cuillères à soupe de sucre.

3 Range les fruits, chair à vif vers le haut. Saupoudre avec le reste du sucre et le sucre vanillé, la cannelle ou le quatre-épices.

4 Arrose de 3 cuillères à soupe d'eau.

5 Répartis le beurre restant en petites noisettes sur chaque fruit.

6 Enfourne. Après 15 minutes, arrose avec le jus de cuisson.

7 Laisse rôtir 15 minutes supplémentaires. Les fruits vont s'envelopper d'un sirop doré, légèrement caramélisé.

8 Déguste à la sortie du four ou laisse tiédir.

VARIANTE

Tu peux accompagner les fruits d'une boule de glace ou de sorbet.

Biscuit roulé à la confiture

POUR 6 PERSONNES :

- 250 g de farine
- 200 g de sucre en poudre
- 4 œufs
- 120 g de beurre
- 2 cuillères à soupe d'eau
- 2 pincées de levure
- confiture au choix

PETIT CONSEIL

Sors le beurre du réfrigérateur à l'avance.

1 Préchauffe le four à 180 °C (th. 6).

2 Dans un saladier, travaille au fouet les jaunes d'œufs, le sucre et l'eau jusqu'à ce que le mélange devienne mousseux.

3 Ajoute la farine, cuillère après cuillère, la levure, puis le beurre en pommade, c'est-à-dire à température de la pièce. Mélange.

 **Bats les blancs en neige ferme, et incorpore-les très délicatement à la pâte.**

 **Asperge d'eau froide la plaque du four,
puis couvre-la entièrement de papier sulfurisé.**

 **Étale la pâte sur une épaisseur d'environ
1 cm et mets au four pour 8 minutes.**

 **Trempe un torchon propre dans l'eau, essore-le,
étale-le sur le plan de travail, et saupoudre de sucre en poudre.**

 **Sors la plaque du four et retourne-la sur le torchon.
Retire la plaque et le papier sulfurisé.**

**9 Étale la confiture de ton choix en couche régulière sur toute la surface de pâte.
Puis en t'aidant du torchon, roule délicatement le biscuit sur lui-même
en serrant bien le torchon.**

**10 Laisse refroidir dans le torchon pour emprisonner
l'humidité et conserver le biscuit frais.**

**11 Au moment de servir, retire le torchon
et sers avec un ou plusieurs pots de confiture.**

On peut cuire le gâteau
dans un moule rectangulaire
assez large, préalablement
beurré et fariné,
ou plus simplement,
dans un moule à revêtement
anti-adhésif.

Pain perdu à la confiture

POUR 4 À 6 PERSONNES :

- 16 ou 24 tranches de pain bien rassis de 1,5 cm d'épaisseur
- 25 cl de lait
- 50 g de sucre cristallisé roux ou blanc
- 2 cuillères à soupe de sucre en poudre
- 1 sachet de sucre vanillé
- 4 cuillères à soupe de beurre
- 4 cuillères à soupe d'huile d'arachide ou de colza
- 3 gros oeufs
- 1 pincée de sel fin

PETIT CONSEIL

Il est plus facile de réussir à trancher le pain la veille de son utilisation, avant qu'il ne soit trop rassis. Il arrive que le boulanger ait du pain rassis dans son magasin ; quelquefois, il le laisse à bon prix.

1 Dans un saladier, mélange le lait, les 50 g de sucre cristallisé et le sucre vanillé. Le lait doit être sucré, donc le sucre bien fondu.

2 Dans un plat creux (si tu n'en as pas, utilise la lèchefrite), range les tranches de pain et verse le saladier de lait sucré. 5 minutes après, retourne les tranches de pain pour qu'elles absorbent la totalité du lait.

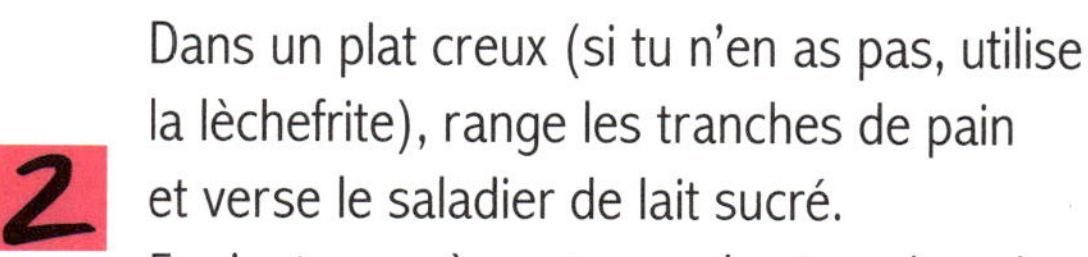

3 Sur une des grilles du four, pose les tranches de pain pour les laisser égoutter. Pose la grille sur la lèchefrite pour ne pas salir ton plan de travail.

4 Allume le four à 100 °C (th. 3/4).
Glisse dans le four le plat sur lequel tu vas servir
ton pain perdu pour lui permettre de tiédir.

5 Dans une assiette creuse, bats les œufs
en omelette avec une pincée de sel et
les 2 cuillères à soupe de sucre en poudre.

6 Dans une grande poêle, sur feu doux,
dépose une cuillère d'huile et une cuillère de beurre.

7 Trempe les 6 premières tranches de pain dans les œufs battus.
Pose-les dans le mélange beurre/huile bien chaud,
laisse dorer d'un côté, retourne pour faire dorer l'autre face,
puis pose les tranches de pain bien dorées sur du papier absorbant,
double épaisseur, et range-les sur le plat que tu as mis préalablement
à chauffer dans le four.

8 Continue l'opération jusqu'à ce que tu n'aies
plus de pain, en rajoutant une cuillère à
soupe de beurre et une cuillère à soupe
d'huile dans la poêle.

9 Lorsque toutes les tranches de pain
sont bien dorées, sers le pain
avec de la confiture, au choix :
fraise, abricot, coing, groseille.

Massepain de Noël

POUR 6 À 8 PERSONNES :

- 350 g de poudre d'amandes
- 300 g de sucre glace
- 3 jaunes d'œufs
- 1/2 blanc d'œuf
- 1 cuillère à soupe de sucre en poudre pour la décoration

1 Préchauffe le four à 240 °C (th. 8).

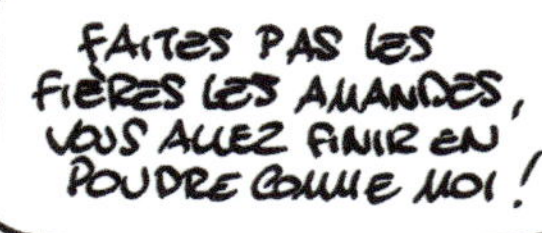

2 Mélange ensemble la poudre d'amandes et le sucre, puis ajoute les jaunes d'œufs et la moitié du blanc d'œuf. Malaxe bien pour obtenir une pâte malléable.

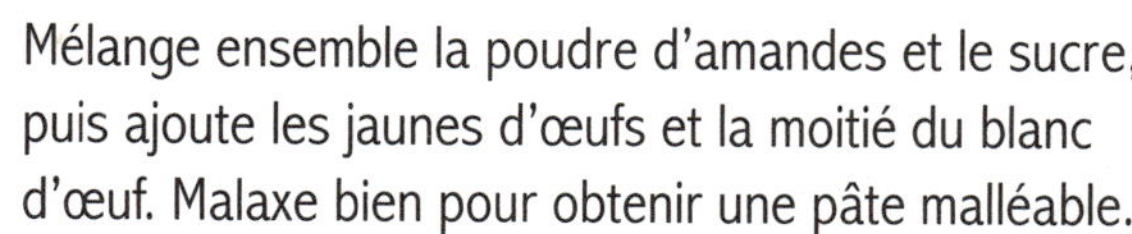

3 Sépare-la en deux parties non égales, en gardant un quart pour la décoration du gâteau.

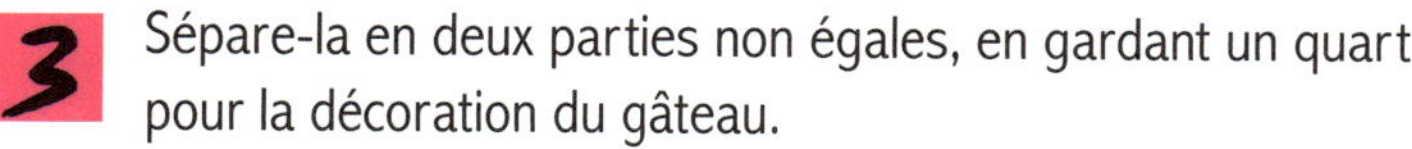

 **4** Dans un moule rond et plat (type moule à tarte), étale uniformément la plus grosse partie de la pâte.

5 Avec l'autre partie de la pâte réservée, confectionne un gros anneau et 3 ou 4 étoiles ou feuilles.

6 Place l'anneau au bord du gâteau et les étoiles au centre.

7 Saupoudre d'un peu de sucre en poudre.

8 Enfourne pour 10 minutes jusqu'à ce que le gâteau soit bien doré.

9 Déguste froid.

ISBN : 978-2-874-42713-8

Première édition - Novembre 2009

Imprimé à Malaisie par Tien Wah Press. Dépôt légal : Novembre 2009 ; D.2009/0053/539